经管核心课程系列

会计制度设计学习指导

Study Guide to Design of Accounting System

第三版

主　编　付同青　李凤鸣

复旦大学出版社

第三版前言

在《会计制度设计》一书多次修订的基础上,对第二版的《会计制度设计学习指导》进行了修订与补充。

《会计制度设计学习指导》(第三版)在修订过程中力求体现如下特点。

(1) 一致性。作为《会计制度设计》的学习指导用书,我们在本书体系的设计上、概念的阐述上,都与教材保持一致,以便学生结合教材更好地把握全书的基本内容、结构和学习线索。

(2) 实用性。为了配合《会计制度设计》的教学,本书结合最新颁布的《企业内部控制基本规范》和2017年修订的《企业会计准则》进行了修订,为了更加凸显实用性,在第二版的基础上加大了案例分析内容,意在以国内的企业实例,深入了解会计制度设计的内涵。对所选案例尽可能做到分析详细、通俗易懂,目的是通过对本书的学习,学生能较好地掌握会计制度设计的基本方法、树立会计制度设计的理念,并能够检查判断学习的效果。

第三版修订由付同青执笔。

编 者

2019 年 10 月

目　　录

第一部分　学习指导

第一章　会计制度设计概述 …………………………………… 3
第一节　内部控制含义与要素 / 3
第二节　管理控制与会计控制 / 7
第三节　会计制度与会计制度设计 / 8
第四节　会计制度设计的内容 / 9
第五节　会计制度设计的原则 / 10
第六节　会计制度设计的程序 / 10

第二章　会计制度总则设计 …………………………………… 12
第一节　会计制度依据的设计 / 12
第二节　会计组织机构的设计 / 13
第三节　会计核算规则的设计 / 21
第四节　会计档案管理的设计 / 22

第三章　会计科目设计 …………………………………………… 24
第一节　会计科目设计概述 / 24
第二节　总账科目的设计 / 25
第三节　明细科目的设计 / 26
第四节　会计科目表及使用说明的设计 / 27

第四章　会计凭证设计 …………………………………………… 28
第一节　会计凭证设计概述 / 28

第二节 原始凭证的设计 / 29
第三节 记账凭证的设计 / 30

第五章　会计账簿设计 … 32

第一节 会计账簿的设计原则与要求 / 32
第二节 日记账簿的设计 / 34
第三节 分类账簿的设计 / 34
第四节 备查账簿的设计 / 35

第六章　财务会计报告设计 … 36

第一节 财务会计报告设计概述 / 36
第二节 财务会计报告编报程序的设计 / 38
第三节 对外报表报告的设计 / 38
第四节 对内管理报表的设计 / 41

第七章　会计核算程序设计 … 43

第一节 会计核算程序与设计要求 / 43
第二节 逐笔记账核算程序的设计 / 44
第三节 汇总记账核算程序的设计 / 44

第八章　成本核算制度设计 … 46

第一节 成本核算制度与设计要求 / 46
第二节 成本核算基础的设计 / 47
第三节 成本核算制度的设计 / 48
第四节 标准成本核算方法的设计 / 51

第九章　会计电算化制度设计 … 52

第一节 会计电算化与会计电算化制度 / 52
第二节 会计电算化制度设计的原则 / 53
第三节 会计电算化内部控制系统设计 / 54
第四节 会计电算化信息系统运行维护与管理的设计 / 56

第十章　会计事务处理设计 … 59

第一节 会计事务处理准则 / 59

第二节 货币资金业务处理的设计 / 60
第三节 工资业务处理的设计 / 61
第四节 固定资产业务处理的设计 / 62
第五节 采购业务处理的设计 / 62
第六节 存货业务处理设计 / 63
第七节 生产业务处理的设计 / 63
第八节 销售业务处理的设计 / 66
第九节 投资及融资业务处理设计 / 66
第十节 其他财务作业处理的设计 / 67

第十一章 内部稽核设计 … 70
第一节 内部稽核职责与范围 / 70
第二节 内部稽核程序与方法 / 70
第三节 会计错误与舞弊的稽核 / 72
第四节 销货及收款循环稽核 / 73
第五节 采购及付款循环稽核 / 74
第六节 生产循环稽核 / 74
第七节 工资循环稽核 / 75
第八节 融资循环稽核 / 76
第九节 投资循环稽核 / 77
第十节 固定资产循环稽核 / 77

第十二章 会计监督设计 … 79
第一节 内部会计监督设计 / 79
第二节 外部会计监督设计 / 79

第二部分 部分复习思考题答案

第一章 会计制度设计概述 … 83

第二章 会计制度总则设计 … 87

第三章 会计科目设计 … 94

第四章　会计凭证设计 ………………………………… 96

第五章　会计账簿设计 ………………………………… 98

第六章　财务会计报告设计 …………………………… 101

第七章　会计核算程序设计 …………………………… 105

第八章　成本核算制度设计 …………………………… 109

第九章　会计电算化制度设计 ………………………… 114

第十章　会计事务处理设计 …………………………… 119

第十一章　内部稽核设计 ……………………………… 131

第十二章　会计监督设计 ……………………………… 139

第三部分　案　例　分　析

内部会计控制制度设计评价案例分析 ………………… 143
案例一 / 143
案例二 / 145

会计组织机构和岗位职责设计案例 …………………… 148
案例一 / 148
案例二 / 149
案例三 / 152

会计科目设计案例 ……………………………………… 153

会计凭证设计案例 ······ 156
案例一 / 156
案例二 / 157
案例三 / 158
案例四 / 158

会计账簿设计案例 ······ 160
案例一 / 160
案例二 / 162
案例三 / 163
案例四 / 164

财务报告设计案例 ······ 165

会计核算程序设计案例 ······ 166

生产制造过程业务会计制度的设计案例 ······ 167
案例一 / 167
案例二 / 167

采购与付款控制案例 ······ 169
案例一 / 169
案例二 / 170

销售与收款控制案例 ······ 172
案例一 / 172
案例二 / 172
案例三 / 174
案例四 / 175
案例五 / 176
案例六 / 177

货币资金控制设计案例 ······ 179
案例一 / 179

案例二 / 179
案例三 / 182
案例四 / 183

⇨ 内部稽核与内部控制案例 ································· 186
案例一 / 186
案例二 / 186

⇨ 会计制度设计案例 ·· 188

⇨ 会计事务处理设计案例 ··································· 190
案例一 / 190
案例二 / 194
案例三 / 195
案例四 / 195
案例五 / 196
案例六 / 197

⇨ 主要参考文献 ··· 201

第一部分　学习指导

第一章
会计制度设计概述

> 【学习目的】
>
> 会计制度是会计方法和程序的总称,是会计工作的规范。会计制度是会计控制的载体,它是内部控制的主要内容。通过本章的学习,应掌握内部控制、管理控制、会计控制、会计制度及会计制度设计等基本概念,明确会计制度设计的内容、原则和方法。

第一节 内部控制含义与要素

一、内部控制含义

(一)内部控制的定义

内部控制是现代企业、事业单位以及其他有关的组织在其内部对经济活动和其他管理活动所实施的控制。我国企业内部控制基本规范所称内部控制,是指由企业董事会、监事会、经理层和全体员工实施的、旨在实现控制目标的过程。具体地说,它是指一个组织为了提高经营效率和充分地获取和使用各种资源,达到既定的管理目标,而在内部正式实施的各种制约和调节的组织、计划、方法和程序。它是有效执行组织策略的必要工具,是现代化企业重要的任务及管理方式与手段,是实现高效化、专业化、规范化和自动化的最基本条件。

(二)内部控制的作用

(1)保证单位的一切业务活动按其计划目标进行,可以及时发现和纠正偏离目标的行为。

(2)保证国家的财经政策、法令制度得到贯彻执行,便于及时发现、查明和处理问题。

(3)保证会计资料和其他经济资料的可靠性。因为通过批准授权等各种控制制度,可使业务处理合理、凭证有效、记录完整正确,并且有必要的稽核检查作保证。

(4)保证财产安全完整,堵塞漏洞、防止或减少损失浪费,防止和查明贪污盗窃行为。

(5)保证各种核算质量,提供有用的会计与管理的信息。因为各种核算通过有关人员的处理、复核、核对及检查,可以保证其真实有效。

(6)保证工作效率的提高。因为实行内部控制,使各种工作程序化、规范化,避免混乱现象。

(7)有利于提高工作人员的素质。

(三) 内部控制的局限性

(1) 管理人员要求每一项控制是有成本效果的,即控制费用不应与因弊端或错误而造成的可能损失不相称。因此,控制受到成本效果的限制。

(2) 内部控制只适用于对正常反复出现的业务事项进行控制,而不能对例外事项进行控制。

(3) 内部控制对于工作人员因粗心、精力不集中、身体欠佳、判断失误或误解指令而造成的人为错误无能为力。

(4) 对工作人员合伙舞弊或内外串通共谋无法控制。

(5) 对管理人员不能正确使用权力或滥用职权无法控制。

(6) 因情况变化使原来的控制措施失效,而导致错误和弊端的发生也无法控制。

二、内部控制要素

(一) 与管理相关的内部控制五要素

1. 控制环境

控制环境是其他内部控制组成要素的基础,是所有控制方式与方法赖以存在与运行的环境。

影响控制环境的因素有四个方面。

(1) 企业人员的操守、价值观及能力。

(2) 管理阶层的管理哲学与经营风格。

(3) 管理阶层的授权方式及组织人事管理制度。

(4) 最高管理当局及董事会对单位管理关注的焦点及指引的方向。

2. 风险评估

每个企业均应评估来自内部和外部的不同风险。评估风险的先决条件是制定目标,各不同层级的目标必须保持一致性。风险评估是决定风险应如何管理的基础。

3. 控制活动

控制活动是指确保管理阶层指令实现的各种政策和程序。它是指针对影响单位目标实现的各种制约措施和手段。单位各个阶层与各种职能均渗透有不同的控制活动。由于单位性质、规模、组织方式等不同,其控制活动也有所不同。

4. 资讯与沟通

每个单位必须按照一定的方式和时间规定辨识和取得适切的信息,并加以沟通,以便于员工更好地履行其职责。单位资讯系统能产生各种报告,包括与营运、财务及遵循法令有关的资料和信息,这些资讯反映了单位业务运行状况,便于管理者采取控制措施。

有效沟通的含义,包括组织内部上下沟通及横向沟通,也包括与外界沟通。单位所有员工必须自最高管理阶层开始,清楚接获须谨慎承担控制责任的各种信息;必须了解自己在内部控制制度中所扮演的角色，以及每个人的活动对他人工作的影响。单位必须有向上沟通重要资讯的方法，也应有向顾客、供应商、政府主管机关和股东等进行沟通的方式。

5. 监督

监督是一种随着时间的推移而评估内部控制制度执行质量的过程。监督的方式有持续监督、个别评估及综合监督等。

持续监督是指在营运过程中的监督，包括例行管理和监督活动，以及其他职工为履行其职务所采取的行动。

个别评估的范围及频率，应根据评估风险的大小及持续监督程序的有效性而定。

持续监督和个别评估一起进行，称之为综合监督。各种监督中发现的内部控制的缺失必须向上级呈报，严重者则须向最高管理阶层及董事会呈报。

上述五个要素相互关联与配合，形成一个整合系统。这个系统可对改变中的环境作出动态反应。

根据我国 2008 年 6 月 30 日所颁布的《企业内部控制基本规范》的规定，企业建立与实施有效的内部控制，应当包括以下要素：

（1）内部环境。内部环境是企业实施内部控制的基础，一般包括治理结构、机构设置及权责分配、内部审计、人力资源政策、企业文化和法制要求等。

（2）风险评估。风险评估是企业及时识别、系统分析经营活动中与实现内部控制目标相关的风险，合理确定风险应对策略。一般包括风险识别、风险分析与排序和风险应对策略等。

（3）控制活动。控制活动中企业根据风险评估结果，采用相应的控制措施，将风险控制在可承受度之内。一般包括不相容职务分离、授权审批、会计系统、财产保护、预算控制、运营分析和绩效考评等措施。具体涉及企业资金、采购、存货、销售、工程项目、固定资产、无形资产、长期股权投资、筹资、预算、成本费用、业务外包、担保、合同协议、财务报告编制与披露、对子公司控制、信息控制、人力资源政策、衍生工具、关联交易、内部审计和企业并购等业务活动。

（4）信息与沟通。信息与沟通是企业及时、准确地收集、传递与内部控制相关的信息，确保信息在企业内部、企业与外部之间进行有效沟通。一般包括信息的收集、处理、沟通与反馈。利用信息技术，建立反舞弊机制和建立举报投诉制度等。

（5）内部监督。内部监督是企业对内部控制建立与实施情况进行监督检查，评价内部控制的有效性，发现内部控制缺陷，及时加以改进。一般包括日常监督、专项监督、缺陷认定、自我评价和可验证性记录和资料保存等。

（二）从报表审计角度考虑的内部控制三要素

根据美国注册会计师协会发布的第 55 号《审计标准文告》，从财务报表审计考虑，内部控制结构主要包括以下三个方面要素。

1. 控制环境

美国在 1979 年就提出了内部会计控制环境的概念，认为对企业内部会计控制程序和技术的选择及其有效性有重要影响的各种因素即为内部会计控制环境，因为内部会计控制不可能在真空中得到设计、执行和评价。

美国在1981年又提出了控制环境的标准,认为从事商业经营的公司或其他组织有两种控制,即外部环境与内部环境,外部环境固然重要,但不能把它作为内部控制系统组成部分,因为它超出了企业的控制能力。之所以提出内部控制环境的概念,一是要对管理者及广大职工重复强调内部控制的性质及重要性,二是避免单位内部任何可能超越控制措施或既定控制政策的行为。

美国执业会计师协会审计标准委员会在《审计标准文告》第55号中指出:"控制环境是指对建立、增强或调节特殊政策及程序有效性有影响的各种因素所产生的综合效果。"文告中还指出了控制环境因素包括单位管理宗旨与经营方式、企业组织结构、董事会及其下属各委员会的功能、分配权力与确定责任的方法、管理控制方法、人事政策及惯例,以及影响经营管理的各种外部因素等。

内部控制环境主要包括以下七个方面内容。

(1) 管理哲学与经营方式。
(2) 组织机构。
(3) 独立于管理部门的审计委员会。
(4) 人事政策和程序。
(5) 授权和分配责任的方法。
(6) 内部审计部门。
(7) 外部影响。

2. 会计系统

会计系统主要包括以下四个方面内容。

(1) 会计科目表、会计手册和标准会计分录。
(2) 业务凭证制度。
(3) 业务检查。
(4) 交易处理方法。

3. 控制程序

控制程序主要包括以下六个方面内容。

(1) 人员的胜任能力。
(2) 政策和程序手册。
(3) 计划、预算和业绩报告。
(4) 分权制经营。
(5) 资产保护。
(6) 定期盘点存货、清点现金和证券。

三、内部控制基本方法

内部控制的方式、方法多种多样,但其基本的控制方式有目标控制、组织控制、人员控制、职务分离控制、授权批准控制、业务程序控制、措施控制与检查控制。

第二节　管理控制与会计控制

一、管理控制

（一）管理控制定义

根据一定的经营方针，为合理而有效地进行经营活动而设定的各种管理，即为管理控制。

（二）管理控制的内容

(1) 计划控制。
(2) 信息、报告控制。
(3) 操作与质量控制。
(4) 人员组织与训练。
(5) 业务核算与统计核算。

二、会计控制

（一）会计控制定义

会计控制主要是指单位内部应用会计方法和其他有关方法，对财务、会计工作和有关经济业务所进行的控制。会计控制不仅包括内部牵制，而且还包括为了保证会计信息质量而采取的控制。

（二）会计控制的主要内容

(1) 在资产管理方面：包括资产收付保管业务、资产维护手续和资产维护手段等。
(2) 在会计管理方面：主要是健全并有效地运用会计制度。

（三）会计控制形式

(1) 合法性控制。
(2) 完整性控制。
(3) 正确性控制。

（四）会计控制的主要方法

(1) 基础控制。这包括四种控制，即完整性控制、合法性控制、正确性控制、一致性控制。
(2) 纪律控制。
(3) 实物控制。

第三节 会计制度与会计制度设计

一、会计制度

(一) 会计制度的含义

会计制度即是会计人员的工作制度,它是政府机关、社会团体及各种性质的企业、事业单位在处理其会计事务时制定的一种方法,它是会计方法和程序的总称,是会计工作的规范。

(二) 会计制度的分类

1. 我国会计制度按其内容分类
(1) 有关会计工作的制度,如会计档案管理办法。
(2) 有关会计核算和会计监督的制度,如企业会计准则。
(3) 有关会计机构和会计人员管理的制度,如会计人员职权条例等。

2. 我国会计制度按其性质分类
可分为政府会计制度和企业会计制度两类。

3. 建立国家统一会计制度
国家统一的会计制度并不是由一个规范构成的,而是由一系列规范构成的,分别规范会计核算、会计监督、会计机构和会计人员以及会计工作管理的一个或者几个方面。

(三) 会计制度的意义

(1) 会计制度是会计控制的载体,也是企业管理的必备工具。
(2) 会计制度是会计管理的重要组成部分,它对于做好会计工作和加强内部控制具有重要的意义。

二、会计制度设计

(一) 会计制度设计的含义

会计制度设计是以《会计法》和国家统一的会计制度为依据,用系统控制的理论和技术,把单位的会计组织机构、会计核算、会计监督和会计业务处理程序等加以具体化、规范化、文件化,以便据此指导和处理会计工作的过程。

(二) 正确认识和理解国家统一会计制度与会计制度设计

国家统一的会计制度是指由国务院财政部门根据《会计法》的规定对会计工作共同遵循的规则、方法程序加以总结的规范性文件的总称,它不可能涉及所有行业、所有基层单位会计制度所应包含的具体要求和具体内容,要想使国家统一的会计制度得到贯彻和落实,各基层单位有必要设计一套符合统一会计制度要求的单位会计制度。只有这样，才能使单位会计制度满足国家宏观调控的需要，满足有关各方了解单位财务状况和经营成果的需要，满足单位内部经营管理的需要。

第四节　会计制度设计的内容

一、会计制度的基本内容

(1) 总则。
(2) 会计科目和使用说明。
(3) 会计凭证、会计账簿和会计报表的格式及应用。
(4) 会计核算形式。
(5) 会计处理程序手续。
(6) 成本计算规程。
(7) 电算化会计制度。

二、会计制度主要内容说明

（一）会计制度需要确定的事项

(1) 制度制定的依据及实施范围。
(2) 制定单位的组织与业务。
(3) 会计组织系统图。
(4) 会计报表格式及编制说明。
(5) 会计科目的种类及使用说明。
(6) 会计账簿格式及记账规则。
(7) 会计凭证格式及填制说明。
(8) 会计事务的处理程序。
(9) 内部稽核的处理程序。
(10) 其他规定的事项。

（二）会计制度设计的主要内容

(1) 会计制度总则。
(2) 会计资料设计，主要包括会计科目、会计凭证、会计账簿和会计报表。
(3) 会计事务处理准则，主要包括一般性规定和按会计事项分类规定。
(4) 会计事项处理程序，主要有以下五个方面：第一，普通会计事务处理程序；第二，成本会计事务处理程序；第三，管理会计事务处理程序；第四，社会会计事务处理程序；第五，其他各种会计事务处理程序。
(5) 附则或其他应规定事项。

第五节　会计制度设计的原则

会计制度设计有以下三项原则。
(1) 信息化原则。
(2) 系统化原则。
(3) 标准化原则(统一性、适用性、正确性、有效性)。

第六节　会计制度设计的程序

一、确定设计方式

(一) 设计方法

(1) 按设计内容来分,有全面设计、补充设计和修订设计。
(2) 按设计工作的组织形式来分,一般有单独设计、共同设计、集体设计和会议设计。

二、进行调查研究

(一) 概况调查

概况调查的主要内容如下。
(1) 单位性质和隶属关系。
(2) 组织机构设置和部门职责分工。
(3) 单位创建目标和经营方针。
(4) 经营方法和生产过程。
(5) 产品性质(品质、规格、质量要求)。
(6) 资金来源和分布情况。
(7) 纳税方式与利润分配方式。
(8) 历史经营状况与存在问题。
(9) 单位、部门负责人及其素质。
(10) 职工技术培训与奖惩办法。
(11) 会计机构组织及人员分工与素质。
(12) 会计制度现状与执行情况等。

(二) 作业调查与分析

(1) 销售及应收款业务调查。
(2) 生产作业调查。
(3) 采购及应付款业务调查。

(4) 存货控制调查。
(5) 人事及工资业务调查。
(6) 固定资产管理业务调查。
(7) 现金出纳管理调查。

三、实施具体设计

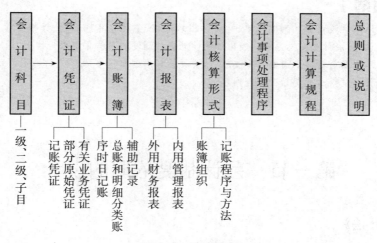

图 1-1 设计顺序

四、试行与修改

会计制度初次设计完工之后,应通过一段时间的试行(如一个季度),然后在试行结果的基础上加以修改,使其变得更加完善,方能正式施行。

第二章 会计制度总则设计

> 【学习目的】
>
> 通过本章学习，掌握设计会计制度的依据、会计组织机构、会计核算规则、会计档案管理设计等基本问题，明确会计制度设计、会计制度总则中一般应说明设计会计制度的目的和依据是什么，适用什么范围，会计组织机构如何设置，以及会计各个岗位有哪些职责，会计核算规则有哪些，如何管理会计档案，会计制度的解释权和修订权，会计制度执行的起始时间等内容。

第一节 会计制度依据的设计

一、《会计法》

《会计法》是调整我国经济生活中会计关系的法律总规范，在我国会计法律制度中处于最高地位，是会计工作的根本大法，也是其他一切会计行政法规、会计规章的"母法"。国家机关、社会团体、公司、企业、事业单位和其他组织必须依照《会计法》办理各项会计事务，并建立、健全本单位内部会计制度。

二、国家统一会计制度

国家统一的会计制度，是指国务院财政部门根据《会计法》制定的关于会计核算、会计监督、会计机构和会计人员以及会计工作管理的制度，是对处理会计事务所制定的规章、准则、办法等规范性文件的总称。

（一）会计准则

会计准则是单位进行会计核算所必须遵循的基本规范，具有很强的约束力，如企业基本会计准则及其具体会计准则、事业单位会计准则（试行）等。

1. 基本会计准则

基本会计准则明确规定了进行会计核算应坚持会计主体、持续经营、会计分期和货币计量四项基本前提；提出了会计核算工作应遵循的最基本的原则性规范和对会计信息的质量要求；对会计要素在其确认、计量、记录和报告等方面作了原则性规定；分别对财务会计报告阐明它们的编制方法及报送要求。其核心是关于会计要素的确认、计量、记录和报告的基本要求和规定，它为具体会计准则的制定提供了理论依据和原则，也是企业设计内部会计制度和进行会计核算的指导思想和依据。

2. 具体会计准则

具体会计准则是根据基本会计准则要求制定的有关经济业务的会计处理及其程序的具体规定,包括各行业共同业务的具体会计准则,会计报表的具体会计准则,特殊行业、特殊业务的具体会计准则等。具体会计准则是企业设计会计制度和组织会计核算时的直接依据。

(二) 会计核算制度

会计核算制度是根据《会计法》和会计准则制定的具体核算方法和核算程序的总称。会计核算制度和会计准则都是单位会计核算行为的规范,会计准则是会计核算制度制定的准绳,会计核算制度是会计准则的具体化。

三、国家其他相关法规

单位在设计内部会计制度时除了依据《会计法》和国家统一的会计制度以外,还应遵循其他相关法规。这些法规有《税法》《支付结算办法》《票据法》《合同法》《公司法》《证券法》《外商投资企业法》等。

第二节 会计组织机构的设计

会计组织机构一般有两层含义:一是指会计机构本身,作为单位内部的一个独立系统,它是各单位组织领导和办理会计业务的职能部门;二是指单位会计机构的内部组织以及各个岗位的设置及其职责。

一、会计组织机构设计的原则

会计组织机构设计有如下三项原则。
(1) 适应性原则。
(2) 牵制性原则。
(3) 效率性原则。

二、会计组织机构设计的方式

(一) 集中设置(又称一级设置)

集中设置就是会计核算工作主要集中在单位一级的会计机构,单位内部的部门(车间)则不设会计机构和会计人员,不办理会计业务。在这种形式下,单位一级的会计机构的规模应相应大些。

(二) 非集中设置(又称分级设置)

非集中设置就是指除了在单位一级设置会计机构外,在单位内部各部门(车间)也相应地设置会计机构,配备会计人员,办理本级范围内相应的会计业务。在这种形式下,单位一级的会计机构的规模就应相应小些。

三、会计机构组织的设计

会计机构组织的设计,应与单位整个组织体系相协调。以制造业为例,会计机构组织的设计大体有三种情况。

(一) 小型企业会计机构组织设计

1. 经营组织管理

经营组织管理上一般采取简单的"直线制"形式,即厂部→车间→班组。

2. 会计机构

小型企业会计机构可不必下设内部职能小组,只是对从事会计工作的人员作些岗位分工,如出纳、总账、明细账会计等,会计主管既可单设也可兼总账会计。有些小型企业甚至不单独设置会计机构,而是在本单位有关机构(如办公室或行政科)中设置专职的会计人员,并指定会计主管人员,以保证本单位的会计工作顺利开展。

(二) 大中型企业会计机构组织设计

1. 经营组织管理

管理组织通常采取"直线职能制"形式。在这种组织体系下,财务与会计既可作为两个职能部门分设,也可作为一个职能部门合设(见图 2-1、图 2-2 和图 2-3)。

2. 会计机构

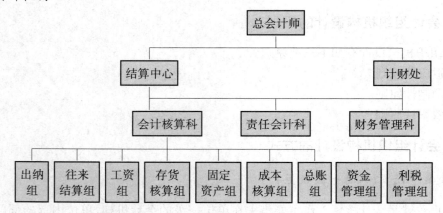

图 2-1 企业会计机构内部组织之一

3. 结算中心的主要职责

结算中心的主要职责如下。

(1) 负责企业各单位和部门的经济结算工作,发行厂币,签发内部转账支票。

(2) 负责企业内部的资金调度使用,办理内部各单位、部门的借贷工作。

(3) 负责配合计财处进行企业有价证券的管理(包括债券、股票的发行、保管、兑付等)。

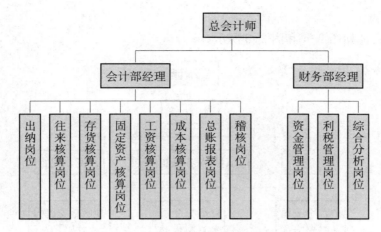

图 2-2　企业会计机构内部组织之二

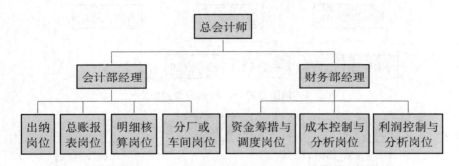

图 2-3　企业会计机构内部组织之三

(4) 负责配合计财处办理企业的资金筹措(向银行等金融机构借款)。

(5) 按计划或定额控制成本费用,监督费用支出。

(6) 参与经济仲裁,提供经济信息。

4. 计财处的职责

在计财处下又分设会计核算科、责任会计科、财务管理科三个二级机构。会计核算科主要负责供、产、销过程相关业务的核算,会计电算化工作以及总账、明细账、日记账的登记和会计报表编制等工作。现金出纳业务从性质上来说,属于财务范畴,但为便于现金与银行存款的收付和核对,一般都作为会计核算科的工作内容,出纳人员也作为会计核算科的人员配备。财务管理科主要负责资金筹措、使用及效益分析以及利润税金的计算、利润分配等工作。责任会计科主要负责责任会计的实施。

(三) 集团公司会计机构组织设计

1. 经营组织管理

集团公司是指拥有多个控股子公司、分公司和其他分支机构的企业。从其从事的经营活动来看,可以是同一行业的,也可以是不同行业的;从其分支机构分布的地域范围来看,可能仅是我国境内的集团公司,也可能是一个跨国性集团公司。

2. 会计机构

会计机构具体如图 2-4 和图 2-5 所示。

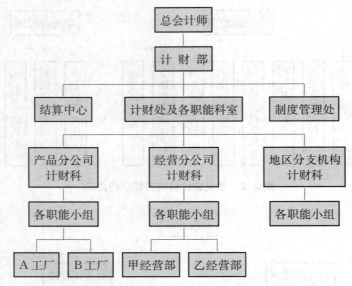

图 2-4 集团公司会计机构内部组织之一

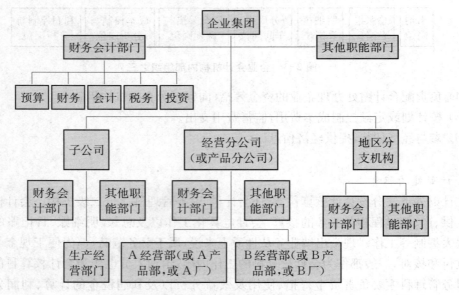

图 2-5 集团公司会计机构内部组织之二

3. 各层次财务会计机构的主要职责

集团公司计财处：

(1) 负责母公司的日常会计核算工作。

(2) 负责母公司的财务管理工作。

(3) 负责母公司的合并会计报表的编制。

(4) 指导各分公司的财务会计工作。
(5) 负责有关财务指标的分解、公司内部价格的制定工作。

集团公司制度管理处：
(1) 负责设计集团公司会计制度。
(2) 负责拟定集团公司财务管理制度。
(3) 负责拟定公司内部会计控制制度。
(4) 检查各项财务会计制度的执行情况。

分公司、分支机构计财科：
(1) 负责本公司、本分支机构日常的会计核算和财务管理工作。
(2) 负责指导、检查分公司所属工厂、经营部的会计核算和财务管理工作。
(3) 负责提供本公司、本分支机构财务会计信息，并上报集团公司。

四、会计工作岗位职责的设计

（一）会计工作岗位的设计

《会计基础工作规范》对会计工作岗位设置规定的基本原则和示范性要求如下。

(1) 会计工作岗位可以一人一岗、一人多岗或者一岗多人，但应当符合内部牵制的要求，出纳人员不得兼管稽核、会计档案和收入、费用、债权债务账目的登记工作。

(2) 会计人员的工作岗位应当有计划地进行轮换，以促进会计人员全面熟悉业务，不断提高业务素质。

(3) 会计工作岗位的设置由各单位根据会计业务需要确定。

根据以上要求，财务会计工作岗位一般可分为：总会计师、会计机构负责人或者会计主管人员（如果会计和财务机构分设，还应设置财务管理主管岗位）、出纳、存货核算、固定资产核算、工资核算、成本费用核算、往来结算、总账报表、资金管理、利税管理、稽核、档案管理等。开展会计电算化和管理会计的单位，可以根据需要设置相应工作岗位，也可以与其他工作岗位相结合。

（二）会计工作岗位职责的设计

1. 总会计师岗位

其主要职责包括以下七个方面。

(1) 负责对本单位财会机构的设置和会计人员的配备、会计专业职务的设置和聘任提出方案，组织会计人员的业务培训和考核，支持会计人员依法行使职权。

(2) 协助单位主要行政领导人对企业的生产经营及基本建设投资等问题作出决策，参与新产品开发、技术改造、科技研究、商品（劳务）价格和工资奖金等方案的制订，参与重大经济合同和经济协议的研究、审查。

(3) 组织编制和执行预算、财务收支计划、信贷计划，拟订资金筹措和使用方案，开辟财源，有效地使用资金。

(4) 进行成本费用预测、计划、控制、核算、分析和考核，督促本单位有关部门降低消耗、节约费用、提高经济效益，建立健全的经济核算制度，利用财务会计资料进行经济活动分析。

（5）组织和监督本企业执行国家有关财经法律、法规、方针、政策和制度，保护企业财产物资的安全完整。

（6）组织和领导本单位会计制度和财务制度的制定。

（7）审核对外报送的财务会计报告，审核后签名并盖章。

2. 会计机构负责人或会计主管岗位

其主要职责包括以下七个方面。

（1）协助总会计师或分管领导，开展全面经济核算，把专业核算和群众核算结合起来，不断改进财会工作。

（2）组织会计人员认真学习各项财会法规、制度，根据国家有关政策规定，组织制定本企业的各项会计管理制度，并督促贯彻执行。

（3）参加生产经营管理活动，参与预测、决策和业绩评价。

（4）参与拟定或审核经济合同、协议及其他经济文件。

（5）负责向本企业领导和职工代表大会报告经营状况和成果，审查对外提供的财务会计报告，审查后应签名并盖章。

（6）组织会计人员的理论和业务学习，负责会计人员的考核，参与研究会计人员的任用和调整工作。

（7）若会计与财务机构分设，应协调与财务管理主管的关系和业务，使之衔接。

3. 财务管理主管岗位

其主要职责包括以下五个方面。

（1）具体负责本企业的资金筹措、投放、收入分配等工作。

（2）参与组织制定本企业的各项财务制度，结合本单位生产经营和供应等具体情况，按期编制财务成本计划、信贷计划，并监督贯彻执行。

（3）会同有关部门组织对企业各项资金的核定工作，多渠道筹措资金，降低资金成本，提高资金使用效果，并及时完成税利上缴等任务。

（4）定期开展经济活动分析，找出管理中的薄弱环节，提出改善经营管理的建议和措施，挖掘增收节支的潜力。

（5）组织财务人员的理论和业务学习，负责财务人员的考核，参与研究财务人员的任用和调整工作，协调与会计主管的关系和业务衔接。

4. 出纳岗位

其主要职责包括以下四个方面。

（1）办理现金收付和银行结算业务。

（2）登记现金和银行存款日记账，并编制库存现金和银行存款日报表，及时清查未达账项。

（3）保管库存现金、各种有价证券、有关印鉴、空白收据和支票。

（4）严格控制签发支票。

5. 存货核算岗位

其主要职责包括以下五个方面。

(1) 会同有关部门拟定存货管理与核算实施办法。

(2) 审查汇编材料采购用款计划,控制材料采购成本。

(3) 审查存货入库、出库手续,负责存货的明细核算和有关的往来结算业务。

(4) 配合有关部门制定材料消耗定额或标准,会同有关部门编制材料计划成本目录。

(5) 参与存货的清查盘点,分析存货的储备情况。

6. 固定资产核算岗位

其主要职责包括以下五个方面。

(1) 会同有关部门拟定固定资产管理与核算实施办法。

(2) 参与核定固定资产需用量,参与编制固定资产更新改造和大修理计划。

(3) 负责固定资产的明细核算,编制固定资产报表。

(4) 计提固定资产折旧,核算和控制固定资产修理费用。

(5) 参与固定资产的清查盘点,分析固定资产的使用效果。

7. 工资核算岗位

其主要职责包括以下三个方面。

(1) 会同劳动人事部门拟定工资、工资基金计划,监督工资基金的使用。

(2) 审核发放工资、奖金,负责工资发放和工资分配核算。

(3) 按规定计提职工福利费、职工教育经费和工会经费,并及时向有关部门拨交工会经费。

8. 成本费用核算岗位

其主要职责包括以下六个方面。

(1) 拟定成本核算办法,加强成本管理的基础工作。

(2) 编制成本、费用计划。

(3) 核算产品成本,编制成本、费用报表。

(4) 进行成本、费用的分析和考核。

(5) 协助管理在产品和自制半成品。

(6) 开展部门、车间和班组经济核算。

9. 往来结算岗位

其主要职责包括以下四个方面。

(1) 建立往来款项的清算手续,办理各项应收、应付、预收、预付款项的往来结算业务。

(2) 负责内部备用金的管理和核算。

(3) 负责债权债务和备用金的明细核算。

(4) 催收外单位欠款,建立账龄分析表,按规定处理坏账损失业务。

10. 总账报表岗位

其主要职责包括以下三个方面。

(1) 设置总账账户,并负责登记总账,同时督促其他会计人员及时登记明细账。

(2) 编制资产负债表、利润表、现金流量表、所有者权益变动表及相关附表、会计报表附注、财务情况说明书,并综合全套财务会计报告进行核对。

(3) 管理会计凭证、账簿、报表等会计档案。

11. 资金管理岗位

其主要职责包括以下六个方面。

(1) 参与筹资方案的选择与确定。

(2) 参与企业股票、债券的发行以及借款合同的签订。

(3) 对外投资的可行性研究。

(4) 基建投资和设备改造的可行性研究。

(5) 客户商情调查和信用调查。

(6) 资金使用效果的分析和考核。

12. 利税管理岗位

其主要职责包括以下六个方面。

(1) 与会计主管共同核实利润计算是否正确。

(2) 按国家规定的利润分配程序分配利润,并通知会计转账。

(3) 办理纳税登记、申请减免税和出口退税、核实税金的缴纳、编制有关的税务报表和相关的分析报告、办理其他与税务有关的事项。

(4) 审查利润表和利润分配表,并编制销售利润计划。

(5) 参与应付利润的分配会议。

(6) 协同会计主管分析利润增减的原因及应采取的对策。

13. 稽核岗位

其主要职责包括以下两个方面。

(1) 在经济业务入账之前,根据预算、计划及其他文件规定,审核财务收支、财产收发等会计凭证是否合法、合理和正确(包括内容的真实性和数字的准确性)。

(2) 在经济业务入账之后,对会计凭证、账簿、报表的记录进行复核,以纠正记录的差错和检查记录有无篡改等情况。

14. 档案管理岗位

其主要职责主要包括以下四个方面。

(1) 负责会计档案的收集、整理、装订、归档(包括会计凭证、账簿、财务会计报告以及其他会计专业核算材料)。

(2) 负责会计档案的日常保管。

(3) 编造清册,与档案管理部门办理到期会计档案的移交保管手续。

(4) 参与会计档案保管到期的销毁鉴定。

五、会计人员的配备

各单位会计人员的配备程序,通常有下列三种方式。
(1) 由政府主管部门或上级主管单位直接任命或聘任。
(2) 由各单位自行聘任。
(3) 由各单位征得上级主管部门的同意后聘任。

单位会计人员配备,都应当具备两个方面的条件。
(1) 要符合《会计法》的要求,即从事会计工作的人员必须取得会计从业资格证书。
(2) 应当配备有必要的专业知识和专业技能,熟悉国家有关法律、法规和财务会计制度,遵守会计职业道德的会计人员。

国有的和国有资产占控股地位或者主导地位的大、中型企业必须设置总会计师,一般由具有高级会计师任职资格的人员担任;担任单位会计机构负责人(会计主管人员)的,除取得会计从业资格证书外,还应当具备会计师以上专业技术职务资格或者从事会计工作三年以上经历;会计机构中各内部组织的负责人,则应由具有助理会计师以上任职资格的人员担任;一般会计人员至少必须具有会计员以上任职资格。

会计人员配备还必须按照有关内部控制的要求,实行回避制度。

第三节　会计核算规则的设计

会计核算规则的设计包括以下十一个方面。
(1) 会计期间的确定。
(2) 记账方法的选用。
(3) 会计处理基础的确定。有两种方法可供选择:① 权责发生制;② 收付实现制。
(4) 记账本位币和会计记录文字的确定。
(5) 会计政策和会计估计变更的规定。会计政策是指单位在会计核算时所遵循的具体原则以及单位所采纳的具体会计处理方法。会计估计是指单位对其结果不确定的交易或事项以最近可利用的信息为基础所作的判断。
(6) 运用会计科目的规定。单位会计制度一般包括总则、会计科目、会计报表、主要会计事项分录举例等。会计科目的分类、编号、名称以及对会计科目使用的详细说明都应在会计科目设计中进行规定,而在会计制度总则中对运用会计科目的规定只是原则性的要求。
(7) 会计凭证填制的规定。
(8) 会计账簿登记的规定。会计账簿登记必须以经过审核的会计凭证为依据,并符合有关法律、行政法规和国家统一的会计制度的规定。
(9) 编制和提供财务会计报告的规定。编制和提供财务会计报告的详细说明应在财务会计报告设计中进行规定,在会计制度总则中只对编制和提供财务会计报告提出原则性的要求,主要内容包括:

第一,合法性要求;

第二,财务会计报告的内容;

第三,财务会计报告提供的时间;

第四,财务会计报告使用的货币计量单位;

第五,编制和提供财务会计报告的责任;

第六,合并会计报表编制的规定。

(10) 会计人员交接的规定。《会计法》规定:一般会计人员办理交接手续,由会计机构负责人(会计主管人员)监交;会计机构负责人(会计主管人员)办理交接手续,由单位负责人监交,必要时主管单位可以派人会同监交。在设计会计制度总则时必须明确会计人员的交接手续。

(11) 会计制度与税收制度的关系。会计制度和税收制度体现着不同的经济关系,分别遵循不同的原则、服务于不同的目的。根据有关法规规定,会计制度规定的会计核算方法与有关税收规定相抵触的,应当按照会计制度规定进行会计核算,按照有关税收规定计算纳税。

第四节 会计档案管理的设计

一、会计档案管理设计的原则

会计档案管理设计有以下四项原则。

(1) 统一管理、分工负责的原则。

(2) 齐全完整的原则。

(3) 简便易行的原则。

(4) 依法管理的原则。

二、会计档案整理的设计

会计档案整理是指将会计档案分门别类、按序存放的工作。

三、会计档案的分类和编号设计

(一) 会计档案的分类设计

(1) 年度—形成分类法。

(2) 年度—机构分类法。

(二) 会计档案的编号设计

一般的企业、单位可采用"年、限、类"的排列编号方法。

对于由于种种原因而会计档案仍由财会部门保管的单位,可将当年的"永久"卷集中按时间先过去、后现在的顺序排列,用大流水方法编号,即首卷为"1"号,以后各卷按顺序编下去。

四、会计档案保管、利用和销毁的设计

会计档案保管、利用和销毁包括以下三个方面。
(1) 会计档案的保管。
(2) 会计档案的利用。
(3) 会计档案的销毁。

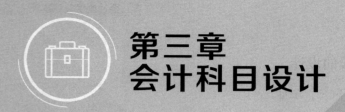

第三章 会计科目设计

【学习目的】

会计科目设置是会计核算方法中的重要内容,它也是整个会计制度设计的核心部分。通过学习,掌握会计科目设计的要求、总分类科目的设计、明细分类科目的设计和会计科目表的设计等内容,并通过单位会计科目设计的实例进一步理解会计科目设计的步骤和方法。

第一节 会计科目设计概述

一、会计科目设计的意义

会计科目设计有如下五个方面的意义。
(1) 会计科目是对会计核算内容具体分类的方法。
(2) 会计科目是编制会计凭证的依据。
(3) 会计科目是账户分类设置和账户格式设计的前提。
(4) 会计科目的设计为会计报表的设计奠定了基础。
(5) 会计科目的设计是审查稽核的基础准备。

二、会计科目设计的总体要求

(一) 会计科目设计的原则

(1) 要根据会计主体的特点和资金运动规律来设计。
(2) 要满足经营管理的需要。
(3) 要严格遵守科目的外延性和互斥性。
(4) 要合理进行总括分类和明细分类。
(5) 要符合会计电算化的需要。

会计科目设计应注意以下七个问题:
(1) 会计科目名称应简明易懂,要具有科学性,应和内容一致。
(2) 会计科目应按照流动性、变现性或重要性为顺序进行排列,以适合编制各种报表。
(3) 会计科目应有大小类别及层级隶属,以便控制及编制不同用途的会计报表。
(4) 科目顺序确定以后,应给予系统的编号。科目编号须具有弹性,以适应业务变动时增删之用。
(5) 对每一个会计科目的性质、内容及影响因素,应有简单、明白、确切的说明。

(6) 会计科目说明资本性支出、存货支出及费用支出时，应有明确的划分。
(7) 定期检查修正会计科目表，以适应业务需要。

(二) 会计科目设置的基本程序

(1) 对会计主体的经济业务进行调查，明确经济业务的内容，主要包括以下三点。
第一，单位的内部组织情况，即生产经营的特点、经济活动的特点。
第二，经营状况，即单位的主营业务是什么，是否还有其他经营业务，业务量有多少。
第三，经营发展状况，即单位在近期或将来是否会发生新的业务或特殊业务。
(2) 整理分析资料，设计会计科目。
(3) 对会计科目进行分类编号。
(4) 编写会计科目使用说明书。
(5) 试行和修订会计科目。

(三) 会计科目设计的基本方法

(1) 借鉴设计法（参照设计法）。
(2) 归纳合并法。
(3) 补充修订法。

三、会计科目分类的设计

会计科目分类有五级分类法和三级分类法之别。五级分类方法如下。
(1) 划分大类别。
(2) 划分性质别。
(3) 划分科目别。
(4) 划分子目别。
(5) 划分细目别。
三级分类方法，即分为主要分类、次要分类及详细分类。

第二节　总账科目的设计

一、资产类会计科目设计

资产是指由过去的交易或者事项所形成的、并由企业拥有或者控制的、预期会给企业带来经济利益的资源。按其流动性可以分为流动资产和非流动资产两大类。资产类会计科目是核算和监督会计主体所拥有或控制的各类经济资源及分布状况的会计科目。
(1) 货币资产类会计科目设计。
(2) 应收款及预付款类会计科目设计。
(3) 投资类会计科目设计。
(4) 存货类会计科目设计。

(5) 固定资产类会计科目设计。
(6) 无形资产类会计科目设计。
(7) 递延借项类会计科目设计。
(8) 待处理财产损溢类会计科目设计。

二、负债类会计科目设计

负债是指由过去的交易或者事项所形成的、预期会导致经济利益流出企业的现实义务。负债类会计科目是核算和监督由于过去的交易或事项所引起的单位的现实义务的科目，这种义务需要单位将来以转移资产或提供劳务的形式加以清偿。
(1) 借款类会计科目设计。
(2) 应付款及预收款项类会计科目设计。
(3) 递延贷项类会计科目设计。
(4) 其他长期应付款类会计科目设计。

三、所有者权益类会计科目设计

所有者权益是指企业资产扣除负债后，由所有者享有的剩余权益。所有者权益会计科目设计是由企业的组织形式决定的。

四、成本类会计科目设计

五、损益类会计科目设计

损益类会计科目设计有以下三项。
(1) 营业利润会计科目设计。
(2) 投资净收益会计科目设计。
(3) 营业外收支会计科目设计。

六、会计科目设计的共性问题

第三节　明细科目的设计

各单位在自行设计明细科目时可依据下列原则进行设计。
(1) 按核算内容的类别或项目分别设计。
(2) 按核算内容的对象分别设计。
(3) 按业务部门设计。
(4) 按核算内容的种类、对象、地点、用途相结合设计。
(5) 备查登记簿设置与明细科目设计相结合。

第四节　会计科目表及使用说明的设计

一、会计科目表设计

会计科目表设计有以下两项。
（1）会计科目的分类排列设计。
（2）会计科目的编号设计。
目前，国内外编号的方法，主要有数字符号法、文字符号法、混合法等。

二、会计科目使用说明书的设计

会计科目使用说明书的设计有以下四个方面。
（1）说明各会计科目核算的内容与范围。
（2）说明会计科目的核算方法。
（3）说明明细科目的设置。
（4）其他事项说明。

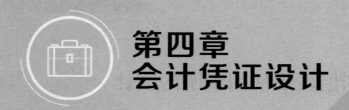

第四章 会计凭证设计

【学习目的】

会计凭证是记录经济业务的发生和完成情况的书面证明。通过本章学习,了解会计凭证设计的要求和各类会计凭证要素,掌握原始凭证、记账凭证的设计步骤与方法。

第一节 会计凭证设计概述

一、会计凭证的作用

会计凭证有以下两个方面的作用。
(1) 可以如实记录经济业务的实际情况。
(2) 为监督、检查工作提供了依据。

二、会计凭证设计的原则

会计凭证设计有以下四项原则。
(1) 要有利于提供完整、详细的第一手资料。
(2) 要有利于进行各种核算、分析、检查,有利于加强企业的经济核算。
(3) 要适应内部会计控制的需要,要充分发挥会计凭证是控制手段的作用,使凭证设计遵守统一性,做到规范化。
(4) 要遵守相对稳定的原则,对已选用的原始凭证和记账凭证不要轻易改动。

三、会计凭证设计的要求

会计凭证设计有以下四个方面的要求。
(1) 要能全面详细地反映经济业务的发生过程。
(2) 要能符合账务处理程序的要求。
(3) 要体现内部控制制度的要求。
(4) 要符合简明实用的要求。

第二节 原始凭证的设计

一、原始凭证的分类

(一) 按凭证取得的来源分类

这包括外来原始凭证和自制原始凭证,其中自制原始凭证又可以再分为自制对外凭证和自制对内凭证。

(二) 按用途分类

这包括通知凭证、执行凭证、转账手续凭证、联合凭证。

(三) 按凭证记录的次数和时限分类

这包括一次凭证和累计凭证。

(四) 按凭证格式的适用性分类

这包括通用凭证和专用凭证。

二、原始凭证的基本内容

原始凭证应具备的反映经济业务内容方面的要素如下。
(1) 原始凭证的名称。
(2) 接受凭证单位的名称或个人姓名。
(3) 填制凭证的日期(一般与业务执行日期一致)。
(4) 经济业务的内容(业务名称性质等)。
(5) 经济业务的各种计量(数量、单价和金额)等。

原始凭证应具备的表示业务执行责任的要素如下。
(1) 填制单位的公章(对内凭证例外)。
(2) 编制审核凭证的有关经手人和部门负责人签章。
(3) 凭证编号。
(4) 凭证应有的附件(应附的证明业务发生的有关附件,包括需经审批的批准手续等)。

三、原始凭证的设计

原始凭证的设计,主要包括确定凭证种类、规定凭证格式、设计具体内容、拟定流转程序和制定管理办法等内容。
(1) 原始凭证种类的确定。
(2) 明确所设计的原始凭证的用途和要素。
(3) 原始凭证格式的设计。

(4) 原始凭证内容的设计。这主要包括以下七个方面：

第一，反映货币资金收付业务的凭证内容设计；

第二，反映物资增减变化的凭证内容设计；

第三，反映生产经营业务的凭证内容设计；

第四，反映购销业务的凭证内容设计；

第五，反映固定资产增减变化的凭证内容设计；

第六，反映往来结算业务的凭证内容设计；

第七，反映结转业务的凭证内容设计。

(5) 原始凭证流转程序的设计。原始凭证流转程序的设计应包括的内容是：

第一，规定各类原始凭证流转的路线、所经历的环节，注明起、讫点；

第二，规定在各环节应办理的事项、应停留的时间、应转送的期限、各环节的办理人应负的责任。

设计时要避免迂回流转，要防止耽搁延误和造假舞弊的现象出现。对于主要原始凭证流转程序的设计，应尽量绘制简明易懂的凭证流程图。

(6) 对原始凭证管理的设计。具体设计内容包括：

第一，空白凭证的管理，即是指对外有效的凭证管理，如销售发票、银行支票、收款收据等，应事先编号，指定专人管理，领用、交回要进行登记，防止丢失和假冒；

第二，误填作废的凭证，各联应加盖"作废"戳记，并将全联和存根一齐保管，不得随意销毁；

第三，已使用完毕、登记入账的原始凭证，一般作为记账凭证的附件装订成册保存。

第三节 记账凭证的设计

一、记账凭证的种类

(一) 按照记账凭证的种类划分

(1) 一种制记账凭证。
(2) 两种制记账凭证。
(3) 三种制记账凭证。
(4) 四种制记账凭证。
(5) 五种制记账凭证。
(6) 六种制记账凭证。

(二) 按照记账凭证反映会计科目的方式划分

(1) 单式记账凭证。
(2) 复式记账凭证。

(三) 按照记账凭证的适用性划分

(1) 通用记账凭证。

(2) 专用记账凭证。

二、记账凭证的设计

（一）确定所使用的记账凭证种类

一般来说，规模不大、经济业务量较小、核算力量较弱、核算形式较简单的单位，采用一种制复式通用的记账凭证较合适；规模较大、经济业务多、核算力量强、分工较细、常需汇总记账凭证的企业，宜采用多种制的记账凭证。

（二）记账凭证基本内容的设计

记账凭证基本内容应包括：记账凭证的种类及名称；编制的日期；经济业务简要说明；会计科目及编号；记账金额和方向；凭证编号；所附原始凭证件数；填制、审核、记账、主管等人员签章，以及备注等。

（三）记账凭证内容的设计

(1) 复式记账凭证内容设计。
(2) 单式记账凭证内容设计。
(3) 套写记账凭证内容设计。
(4) 累计记账凭证内容设计。
(5) 汇总记账凭证内容设计。

（四）记账凭证的传递路线、登记和保管方法设计

采用汇总记账凭证和科目汇总表核算程序的单位，一般是于月末，由负责总账的会计人员，将本月全部记账凭证汇总（也可在月份中间开始汇总），并登记总账。月末，全部记账凭证按编号顺序，由专人负责装订归档。

第五章 会计账簿设计

【学习目的】

登记会计账簿是会计核算方法的内容之一,账簿又是记录、储存会计信息的载体,所以账簿在会计信息处理系统中是处于核心地位的。通过本章学习,要求从会计工作的实际出发掌握各种账簿的设计内容和方法。

第一节 会计账簿的设计原则与要求

一、会计账簿的作用

账簿是由许多具有一定格式的账页组成,用来序时地、分类地记录各项经济业务的簿籍。会计账簿能够全面、系统、连续地反映经济活动情况,既可以提供序时的历史资料,又可以提供总括的明细核算指标;会计账簿为实行控制、考核经济责任提供了依据;为编制会计报表提供了必要的资料。

二、会计账簿的种类与设计原则

(一) 会计账簿的种类

(1) 会计账簿按其用途不同,可分为序时账簿、分类账簿、联合账簿和备查账簿等四种。
(2) 会计账簿按其组成方式不同,又可以分为订本式账簿、活页式账簿和卡片式账簿等三种。

(二) 会计账簿设计的原则

(1) 账簿的设计要与单位的规模和特点相适应。
(2) 账簿设计要适应单位管理的需要。
(3) 账簿格式要适应操作手段和满足信息量的需要。
(4) 账簿设计要与所采用的会计核算程序相适应。
(5) 账簿的设计应满足会计报表的信息需要。
(6) 账簿设计应做到省时省力、简便易行,便于查阅、控制与保管。

三、会计账簿设计的要求

(一) 账簿的选择

表 5-1 核算程序及账簿设置参考表

单位特点	应采用的核算程序	可设置的账簿体系
小规模 (小规模纳税人)	记账凭证核算程序	现金、银行存款日记账;固定资产、材料、费用明细账;总账
	日记总账核算程序	序时账同上;日记总账;固定资产、材料明细账
大中型企业单位 (一般纳税人)	科目汇总表核算程序,汇总记账凭证核算程序	序时账同上;固定资产、材料、应收(付)账款、其他应收应付款、长(短)期投资、实收资本、生产成本、费用等明细账;总账(购货簿、销货簿)
收付款业务多、转账业务少的大中型企业	多栏式日记账核算程序	四本多栏式日记账;明细分类账同上;总账
收付款业务多、转账业务多的大中型企业	多栏式日记账兼转账日记账核算程序	四本多栏式日记账;其他账簿同上
大中型企业,但转账业务较少	科目汇总表兼转账日记账核算程序	序时账簿;必要的明细账、转账日记账;总账

(二) 账页设计的要求

1. 账页的内容

账页是具体反映经济业务的工具,经济业务内容不同,管理要求不同,账页的格式也不相同,但不管何种账页,一般都应具有以下要素(内容)。

(1) 账户名称。
(2) 记账日期。
(3) 凭证号字。
(4) 经济业务摘要。
(5) 借方和贷方金额及余额。
(6) 余额方向标记。
(7) 账页的编号。

2. 设计账页要求

设计账页时除具备以上内容外,还应符合以下需求。

(1) 账页格式要符合账户所核算和监督的内容。
(2) 多栏式账页中有关明细项目的设计应尽可能与会计报表的有关项目一致。

第二节　日记账簿的设计

一、日记账簿的种类

日记账的主要作用是按时间顺序记录发生的经济业务，以保证会计资料的秩序性和完整性。日记账的主要种类如下。

（1）转账日记账。
（2）货币资金日记账。
（3）现金日记账。
（4）银行存款日记账。
（5）购货日记账。
（6）销货日记账。

至于单位应设置哪些日记账，主要根据单位所采用的会计核算程序而定。

二、日记账簿设计的方法

（一）日记账簿种类的选择

每个单位应设计哪几种日记账簿？其数量如何？选择的条件是：如果是新建单位，应首先考虑其全部经济业务的内容，分析要由几种日记账簿去进行序时反映；如果是老单位，就考虑已经有的或可能有的会计事项种类的多少。同时还要根据单位所采用的会计核算程序进行选择。

（二）日记账簿格式的设计

日记账簿格式的设计主要根据所要反映的业务内容来设计合适的日记账簿格式的栏次，而不是设计好格式去要求经济业务来适应。日记账簿一般有一栏式、两栏式、多栏式、特种日记账格式和专用格式等几种格式。

第三节　分类账簿的设计

一、分类账簿的种类和作用

分类账簿是对经济业务按一定的类别分别设立账户进行登记的账簿。它可以为单位管理的需要分门别类地提供各种经济信息。分类账簿的主要作用是以下两点：

第一，对记账凭证中指明的经济业务类别集中进行反映；
第二，满足经济管理和编制财务会计报告的需要。

二、总分类账簿的设计

总分类账，一般是根据记账凭证汇总表或汇总记账凭证定期汇总登记，也可以根据转账科目汇总表和多栏式现金、银行存款日记账于月终时汇总登记。如果单位业务不多，也可以根据记账凭证逐笔进行登记。总分类账一般采用三栏式，也可以采用按照全部账户开设的账页去设计。

(1) 三栏式总分类账。
(2) 对应科目式总分类账。
(3) 多栏式总分类账。
(4) 日记总账式总分类账。
(5) 以科目汇总表代总分类账。

三、明细分类账簿的设计

为了详细反映资产、负债、所有者权益以及费用成本和财务成果的增减变动情况，每个单位必须设置和记录一定的明细分类账。明细分类账能提供详细具体的信息，它对总分类账户起着补充和详细说明的作用。明细分类账的格式多种多样，单位应根据各项经济业务的内容和经营管理的实际需要来确定采用的格式。

(1) 三栏式明细分类账。
(2) 数量金额式明细分类账。
(3) 多栏式明细分类账。

第四节　备查账簿的设计

一、备查账的特点及反映的主要事项

备查账是对某些在日记账和分类账等主要账簿中记载不全的经济业务进行补充登记的账簿。其特点是：它与有关明细账有勾稽关系，但不受总账统制；在账务处理上比较灵活，不受会计期间结算工作的严格限制。备查账的特点决定了它没有固定的格式，而是要根据实际需要去灵活确定。

备查账反映的主要事项有以下五类。
(1) 代保管的财产物资。
(2) 发出财产物资。
(3) 大宗、贵重物资。
(4) 重要的空白凭证、经济合同执行记录、贷款还款情况记录等。
(5) 其他不便在日记账和分类账中反映的事项。

二、备查账簿的设计

备查账不受总账统制，与明细账也无直接联系，也不需要通过制证进行记录，因而其设置可根据需要灵活确定，其格式只要能反映所表现的内容即可，无特定要求。

第六章 财务会计报告设计

【学习目的】

本章从财务报告的设计原则和设计步骤等内容出发,详细论述了财务会计报告的编报程序、外部报告的设计、内部管理报告的设计等内容。通过学习,要充分认识财务会计报告设计是整个会计制度设计中的重要组成部分,同时掌握财务会计报告的设计原理和设计方法。

第一节 财务会计报告设计概述

财务会计报告是企业对外提供的反映企业某一特定日期财务状况和某一会计期间经营成果、现金流量的文件,它包括资产负债表、利润表、现金流量表、所有者权益变动表、会计报表附注、财务情况说明书。会计报表是财务会计报告的核心内容。

一、财务会计报告的种类及设计作用

(一)财务会计报告的种类

(1)财务会计报告按其报送对象不同,可以分为对外报告与对内报告。《会计法》规定,单位的对外财务会计报告应由会计报表、会计报表附注和财务情况说明书组成。

会计报表按其所反映的经济内容进行分类,可以分为反映经营成果和反映财务状况及其变动情况的报表。反映经营成果的报表是指反映单位在一定时期经营过程中的收入、费用和财务成果的报表,如利润表。反映财务状况及其变动情况的报表又可分为以下两种:

第一,反映单位在一定时点财务状况的报表,如资产负债表;

第二,反映单位在一定时期财务状况变动及其原因的会计报表,如现金流量表。

会计报表附注是会计报表的补充,主要对会计报表不能包括的内容或者不能详细披露的内容作进一步的解释说明,它弥补了会计报表只能在固定的格式下根据严格的定义和规范提供定量的财务信息的局限性,有利于更加真实、完整地提供会计信息。

财务情况说明书是在会计报表及其附注所提供信息的基础上,再进一步用文字对单位的财务状况等所作的补充说明,财务情况说明书是财务会计报告的组成部分,必须随同会计报表一起编制、提供和阅读。

(2)财务会计报告按其编制和报送时间的不同,可以分为定期报告和不定期报告。

(3)财务会计报告按照管理者的需要,还可以分为综合性报表、控制性报表、预测性报表、分析性报表、明细性报表和临时需要报表等。

（二）财务会计报告设计的作用

(1) 有利于全面、系统和综合地反映单位经济活动情况。
(2) 财务会计报告是会计制度设计的核心内容之一。

二、财务会计报告设计的原则

财务会计报告设计有如下四项原则。
(1) 采用国际通行的财务会计报表体系，统一和简化对外报送的报表。
(2) 尽量以例外原则代替逐项明细罗列。
(3) 可控制项目和不可控制项目应予划分，以便用表人加强控制，明确责任。
(4) 清晰明了，便于理解和利用。

三、财务会计报告基本内容的设计

（一）经济指标体系的设计

财务会计报告是经济指标体系的一种表现形式。从系统论和信息论的观点看，经济指标体系是指从各个不同方面，全面或局部地反映一个单位经济活动全貌或部分会计信息体系，体系中的各个指标相互联系而又相互补充。在设计会计报告时，首先要确定一个单位的会计报告应该包括哪些经济指标。

（二）财务会计报告基本内容的设计

(1) 报表名称和编号，即所编报表的名称和编号。
(2) 编制单位，即编制报表单位的名称。
(3) 报表日期，即编制报表的日期和报表所包括的会计期间。
(4) 单位，即货币单位，如元、千元、万元等。
(5) 补充资料，即报表附注。

（三）财务会计报告编报程序的设计

四、财务会计报告设计的步骤

(1) 设计调查。调查提纲应包括：
第一，国家统一会计报表的种类、格式及编制要求、方法；
第二，单位经济业务实际情况；
第三，单位的管理要求。
(2) 确定会计报表的种类。
(3) 绘制会计报表的格式。
(4) 写出编制程序及编制方法说明。

第二节　财务会计报告编报程序的设计

一、财务会计报告编制程序的设计

财务会计报告编制程序的设计有以下六个方面。
(1) 会计年度与经营期间的确定。
(2) 期末账项调整。
(3) 期末对账与结账程序控制。
(4) 编制工作底稿。
(5) 编制会计报表及附注。
(6) 编制财务情况说明书。

二、财务会计报告报送程序的设计

财务会计报告报送程序的设计有以下四个方面。
(1) 复核、整理财务会计报告。
(2) 审核、签章。
(3) 委托注册会计师审计。
(4) 按规定的对象、方式和期限对外报送。

第三节　对外报表报告的设计

一、会计报表的设计

(一) 资产负债表的设计

(1) 资产负债表结构的设计。
(2) 资产负债表项目分类和排列的设计。
(3) 资产负债表的编制设计。

(二) 利润表的设计

(1) 利润表结构的设计。
(2) 利润表项目设计。

(三) 现金流量表的设计

(1) 现金流量表的编制基础。
(2) 现金流量表格式和结构的设计。
(3) 现金流量表编制的设计。

（四）所有者权益变动表的设计

（五）合并会计报表的设计

(1) 合并资产负债表。

(2) 合并利润表。

(3) 合并现金流量表。

(4) 合并所有者权益变动表。

二、会计报表附注的设计

一般可采用报表尾注、表外单独附注等形式。企业的年度会计报表附注至少应披露如下内容(法律、行政法规和国家统一的会计准则另有规定的,从其规定)。

1. 企业的基本情况

(1) 企业注册地、组织形式和总部地址。

(2) 企业的业务性质和主要经营活动。

(3) 母公司以及集团最终母公司的名称。

(4) 财务报告的批准报出者和财务报告批准报出日。

2. 财务报表的编制基础

3. 遵循企业会计准则的声明

企业应当声明编制的财务报表符合企业会计准则的要求,真实、完整地反映了企业的财务状况、经营成果和现金流量等有关信息。

4. 重要会计政策和会计估计

企业应当披露采用的重要会计政策和会计估计,不重要的会计政策和会计估计可以不披露。在披露重要会计政策和会计估计时,应当披露重要会计政策的确定依据和财务报表项目的计量基础,以及会计估计中所采用的关键假设和不确定因素。

5. 会计政策和会计估计变更以及差错更正的说明

企业应当按照《企业会计准则第 28 号——会计政策、会计估计变更和差错更正》及其应用指南的规定,披露会计政策和会计估计变更以及差错更正的有关情况。

6. 报表重要项目的说明

企业对报表重要项目的说明,应当按照资产负债表、利润表、现金流量表、所有者权益变动表及其项目列示的顺序,采用文字和数字描述相结合的方式进行披露。报表重要项目的明细金额合计,应当与报表项目金额相衔接。报表重要项目主要包括交易性金融资产、应收款项、存货、其他流动资产、可供出售金融资产、持有至到期投资、长期股权投资、投资性房地产、固定资产、油气资产、无形资产、商誉的形成来源及账面价值的增减变动情况、递延所得税资产和递延所得税负债、资产减值准备、所有者权益受到限制的原因、交易性金融负债、职工薪酬、应交税费、短期借款和长期借款、应付债券、长期应付款、营业收入、公允价值变动收益、资产减值损失、营业外收支、所得税费用、取得政府补助的种类及金额、每股收益、股份支付、债务重组、借款费用、外币折算、企业合并、租赁、终止经营、分部报告等内容。

7. 或有事项

8. 资产负债表日后事项

(1) 每项重要的资产负债表日后非调整事项的性质、内容及其对财务状况和经营成果的影响。无法作出估计的,应当说明原因。

(2) 资产负债表日后,企业利润分配方案中拟分配的以及经审议批准宣告发放的股利或利润。

9. 关联方关系及其交易

(1) 本企业的母公司有关信息。

(2) 母公司对本企业的持股比例和表决权比例。

(3) 本企业的子公司有关信息。

(4) 本企业的合营企业有关信息。

(5) 本企业与关联方发生交易的,分别说明各关联方关系的性质、交易类型及交易要素。交易要素至少应当包括：交易的金额；未结算项目的金额、条款和条件以及有关提供或取得担保的信息；未结算应收项目的坏账准备金；定价政策。

10. 合并报表附注

企业应当按照规定披露附注信息,主要包括下列内容：

(1) 企业集团的基本情况。

(2) 财务报表的编制基础。

(3) 遵循企业会计准则的声明。

(4) 重要会计政策和会计估计。

(5) 会计政策和会计估计变更以及差错更正的说明。

(6) 报表重要项目的说明。

(7) 或有事项。

(8) 资产负债表日后事项。

(9) 关联方关系及其交易。

(10) 风险管理。

以上(1)—(10)项,应当比照一般企业的相关规定进行披露。合并现金流量表,还应遵循《企业会计准则第31号——现金流量表》的相关规定进行披露。

11. 母公司和子公司信息

（1）子公司有关信息的披露。
（2）公司拥有被投资单位表决权不足半数但能对被投资单位形成控制的原因。
（3）母公司直接或通过其他子公司间接拥有被投资单位半数以上的表决权,但未能对其形成控制的原因。
（4）子公司所采用的会计政策与母公司不一致的,母公司编制合并财务报表的处理方法。
（5）子公司与母公司会计期间不一致的,母公司编制合并财务报表的处理方法。
（6）本期不再纳入合并范围的原子公司,说明原子公司的名称、注册地、业务性质、母公司的持股比例和表决权比例,本期不再成为子公司的原因。原子公司在处置日和上一会计期间资产负债表日资产、负债和所有者权益的金额以及本期期初至处置日的收入、费用和利润的金额。
（7）子公司向母公司转移资金的能力受到严格限制的情况。
（8）作为子公司纳入合并范围的特殊目的主体的业务性质、业务活动等。

三、财务情况说明书的设计

财务情况说明书的设计有如下九个方面内容。
（1）说明生产技术财务计划和各项经济合同的执行情况。
（2）说明资金筹集计划、产量计划、销售计划、利润计划的完成情况及其原因。
（3）说明资本金增减的原因和利润实现情况、分配政策。
（4）说明产品成本升降的原因。
（5）说明经营管理中存在的问题及今后应采取的对策和措施。
（6）说明本会计期间在会计政策上有何重大变化及其对有关财务指标的影响。
（7）说明本企业与同行业先进单位和本行业平均水平的差距。
（8）说明国有企业的国有资产保值增值情况。
（9）对企业财务状况、经营成果和现金流量有重大影响的其他事项。

第四节　对内管理报表的设计

一、对内管理报表的特点和设计要求

（一）特点

（1）内部管理报表的内容、格式灵活。它可以根据企业内部管理的需要,由企业自行决定报表的编制内容和格式。一般以专题性报告形式为主,不求全面和系统。
（2）内部管理报表提供的指标灵活。它可以提供价值指标,又可以提供实物量化指标,而且一般不需要数据上的绝对精确。
（3）内部管理报表报告时间具有机动性。它可以定期编报和不定期编报。
（4）内部管理报表报告的对象是企业的管理人员。

（二）设计要求

(1) 应注意报表的专题性，不要强调系统、全面，需要什么设计什么。
(2) 要讲究及时性，编报迅速，反馈及时。
(3) 要讲究实用性，以适应内部管理的需要为标准，简洁明了，一看就懂。
(4) 要讲究可验证性，报表中的数据力求准确无误，以免导致决策上的失误。

（三）种类

根据各行业内部管理的特点，可将内部管理报表分为提供详细信息的内部报表、日常管理报表、成本管理报表等三大类。

二、提供详细信息的内部报表

内部报表有如下设计。
(1) 存货表的设计。
(2) 固定资产及累计折旧表与在建工程表的设计。
(3) 期间费用明细表的设计。

三、日常管理报表设计

一般有现金收支日报表的设计、材料采购日报表的设计、销售日报表的设计等。

四、成本管理报表设计

（一）产品成本报表设计

(1) 商品产品成本表的设计。
(2) 主要产品单位成本表的设计。
(3) 制造费用明细表的设计。

（二）成本管理报表设计

一般有生产小组责任成本报表的设计、车间责任成本报表的设计、全厂责任成本报表的设计等。

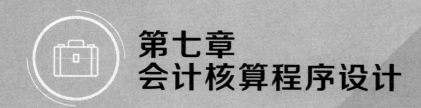

第七章 会计核算程序设计

【学习目的】

通过本章学习,了解会计核算程序是在会计核算中会计凭证、会计账簿、会计报表以及记账程序和记账方法的有机结合的技术组织方式。掌握会计核算程序的设计要求及逐笔记账核算程序、汇总记账核算程序的设计方法。

第一节 会计核算程序与设计要求

会计核算程序又称会计账务处理程序或会计核算组织形式,它的内容包括会计凭证、会计账簿、记账程序和记账方法。

一、会计核算程序设计的作用

会计核算程序设计的作用有如下四个方面。
(1) 可保证会计核算的工作效率。
(2) 可保证会计核算工作质量。
(3) 是进行会计凭证和会计账簿设计的基础。
(4) 可节约核算费用。

二、会计核算程序的种类

会计核算程序有如下两类。
(1) 逐笔记账核算程序。
(2) 汇总记账核算程序。

三、会计核算程序的设计要求

会计核算程序的设计有如下五个方面的要求。
(1) 要保证能正确、及时、完整地提供会计信息使用者所需要的会计信息。
(2) 根据国家的有关规定,结合本单位的特点设计,与本单位实际情况相适应。
(3) 要将内部控制制度融于其中,有利于加强内部控制和稽核。
(4) 使会计核算程序所涉及的各项内容达到有机结合,协调一致。
(5) 要在保证及时提供正确、完整的会计信息的前提下,尽可能提高会计工作效率,节约费用。

四、会计核算程序的设计原则与步骤

应遵循以下四项会计核算程序设计的基本原则。
(1) 必须坚持以会计准则为指导。
(2) 必须切合企业单位的实际。
(3) 必须坚持会计核算与经济管理相结合。
(4) 坚持提高会计工作质量和合理简化手续相结合。

五、会计核算程序的设计方法

(一) 会计核算程序的模式

(二) 会计核算程序的设计步骤

(1) 先确定会计核算形式类型,后逐项设计基本内容。
(2) 先逐项设计基本内容,后确定核算形式类型。

第二节　逐笔记账核算程序的设计

一、记账凭证核算程序

记账凭证核算程序有如下四个方面。
(1) 记账凭证核算程序的主要特点。
(2) 记账凭证核算程序的凭证组织和账簿组织。
(3) 记账凭证核算程序的记账程序。
(4) 记账凭证核算程序的优缺点、适用性。

二、日记总账核算程序

日记总账核算程序有如下四个方面。
(1) 日记总账核算程序的主要特点。
(2) 日记总账核算程序的凭证组织和账簿组织。
(3) 日记总账核算程序的记账程序。
(4) 日记总账核算程序的优缺点、适用性。

第三节　汇总记账核算程序的设计

一、科目汇总表核算程序

科目汇总表核算程序有如下五个方面。

(1) 科目汇总表核算程序的主要特点。
(2) 科目汇总表核算程序的凭证组织和账簿组织。
(3) 科目汇总表汇编方法的设计。
(4) 科目汇总表核算程序的记账程序。
(5) 科目汇总表核算程序的优缺点、适用性。

二、汇总记账凭证核算程序

汇总记账凭证核算程序有如下五个方面。
(1) 汇总记账凭证核算程序的主要特点。
(2) 汇总记账凭证核算程序的凭证组织和账簿组织。
(3) 汇总记账凭证汇编方法的设计。
(4) 汇总记账凭证核算程序的记账程序。
(5) 汇总记账凭证核算程序的优缺点、适用性。

三、会计核算程序的选择

一般而言,会计核算程序的选择应考虑企业规模、业务量的大小、业务种类的繁简、会计机构的设置与人员分工以及会计核算手段等方面的情况。

第八章 成本核算制度设计

> **【学习目的】**
>
> 成本核算制度是企业组织成本核算的依据。通过本章学习,要求掌握成本核算制度的设计内容和设计要求、成本核算基础工作制度设计的内容与方法、成本核算制度设计的内容与方法、标准成本核算方法的设计等问题。

第一节 成本核算制度与设计要求

一、成本核算制度设计的作用

成本核算制度设计有如下四个方面的作用。

(1) 通过成本核算制度的设计和实施,可保证国家有关财经法规、制度的贯彻落实。

(2) 设计科学合理的成本核算制度,可提高企业成本核算的质量,为会计信息的使用者及时提供真实、可靠的成本核算资料,为企业管理者进行经营预测、决策服务。

(3) 设计科学合理的成本核算制度,有利于加强企业成本控制和管理,降低成本费用,提高经济效益。

(4) 通过设计的成本核算制度的实施,可规范企业的成本核算方法和程序,并保持其相对稳定,提高成本核算资料的有用性。

二、成本核算制度设计的内容

(一) 成本核算基础工作设计的内容

(1) 建立成本核算制度。
(2) 建立成本管理制度。

(二) 成本核算制度设计的内容

成本核算制度设计的主要内容包括:成本核算对象、成本计算期、成本项目、成本计算方法等成本核算方法体系的设计;生产费用归集分配的原则、分配方法和分配程序的设计;生产费用归集分配和成本核算中使用凭证的设计;标准成本核算方法设计等。

三、成本核算制度的设计要求

成本核算制度的设计有如下五个方面的要求。

(1) 要以国家有关成本计算和管理的规定为依据设计。
(2) 要适应企业的生产经营特点。
(3) 要保证各项成本管理职能得以充分发挥。
(4) 要考虑贯彻内部控制原则。
(5) 要有利于正确计算成本和简化核算手续。

第二节　成本核算基础的设计

一、成本开支范围的设计

（一）以工业企业为例说明产品成本开支范围

(1) 产品生产过程中发生的直接材料费。
(2) 直接从事产品生产人员的工资、奖金、津贴和补贴。
(3) 为产品生产而发生的其他直接费用。
(4) 各生产单位（分厂或车间）为组织和管理本生产单位的生产活动而发生的管理费。
(5) 各生产单位发生的固定资产折旧费、固定资产修理费、固定资产经营性的租赁费、原油储量有偿使用费、油田维修费、矿山维修费。
(6) 各生产单位为组织、管理生产而发生的间接制造费用。
(7) 各生产单位发生按规定可计入产品成本的费用。

（二）不得计入产品成本的支出

如下五个方面不得计入产品成本的支出。
(1) 属期间费用（管理费用、财务费用、销售费用）开支范围的各项收益性支出。
(2) 各项资本性支出，如购建固定资产、无形资产等支出。
(3) 对外投资性支出。
(4) 各种营业外支出。如被没收的财产物资损失，支付的罚款、滞纳金、违约金、赔偿金、赞助款、捐赠支出等。
(5) 国家规定不得列入产品生产成本的其他支出。

二、建立健全定额管理制度

定额管理包括以下三个方面。
(1) 劳动定额。
(2) 物资消耗定额。
(3) 费用定额。

三、建立健全原始记录制度

原始记录制度主要包括原材料、燃料、工具的领用，工时消耗，生产设备运转，零部件和半成品内部转移，废品发生，各种费用支出，产品的质量检验，产成品入库与发出，以及财产物资的盘盈盘亏等记录制度。原始记录在内容上应设置经济活动的时间、内容、计量单位、数量、填制人及负责人签章等项目、栏次。原始记录一般有生产通知单、废品报告单、停工报告单、考勤簿等。

四、建立健全与成本有关的各项业务制度

各项业务制度有如下五个方面。
（1）存货管理制度。
（2）固定资产管理制度。
（3）低值易耗品管理制度。
（4）费用管理制度。
（5）工资管理制度。

五、建立健全厂内计划价格制度

企业内部计划价格是企业内部的原材料、辅助材料、燃料、在产品与半成品、劳务等在内部转移时进行内部结算的依据。设计和使用内部计划价格进行内部结算：一是为了简化成本核算工作；二是为了便于进行成本控制和考核，明确经济责任。

第三节 成本核算制度的设计

一、成本核算对象、成本核算期的设计

（一）成本核算对象的设计

结合企业的生产特点和成本管理要求，一般可分为以下五种情况来设计成本核算对象。
（1）单步骤大量生产一种或几种产品生产，应以该种或几种产品为成本核算对象。
（2）大批量多步骤连续加工的产品生产，一般应以每一生产步骤的半成品和最终产成品为成本核算对象。
（3）大批量多步骤装配式平行加工的产品生产，一般应以最终产成品和平行分别加工的零件、部件为成本核算对象。
（4）单件小批组织产品的生产，通常应以每一单件或每批产品为成本核算对象。
（5）在生产产品品种繁多、规格繁多的企业，若按产品品种、规格设置成本核算对象，组织产品成本核算，则成本核算工作繁重。

（二）成本核算期的设计

（1）大量大批生产的企业，由于连续不断地投入、产出产品，不可能在产品完工时立即计算成本，只能定期地在月末计算本月所生产的产品成本。
（2）单件小批生产的企业，产品成本是在某一批产品或某一件产品完工后才能进行计

算,所以成本核算期与生产周期一致,从投入生产的月份开始到产品完工月份的月末作为成本计算期。

二、要素费用、成本项目的设计

(一) 要素费用的设计

生产费用按经济内容可分为劳动对象的耗费、劳动资料的耗费和活劳动的耗费,通常企业将这三方面的耗费分为外购材料、外购燃料、外购动力、工资及职工福利费、折旧费、利息支出、税费和其他费用。

(二) 成本项目的设计

(1) 直接材料。
(2) 直接人工。
(3) 制造费用。

三、生产费用分配方法和分配标准的设计

(一) 生产费用归集与分配的一般原则的设计

(1) 在生产费用归集分配的一般方法方面:凡费用发生时能直接确认归属对象的,应直接计入产品成本;凡多个成本计算对象共同发生的,不能直接确认归属对象的费用,应先通过中间环节进行归集,然后再采用适当的方法定期分配计入产品成本。

(2) 在生产费用核算和产品成本核算方面,要遵守历史成本这一会计核算的基本原则。一般规定不得以计划成本、估计成本、定额成本来代替实际成本。采用计划成本或定额成本核算的,必须在规定的成本核算期,调整为实际成本。

(3) 在生产费用的确认与计量方面,一般规定:严格成本开支范围;贯彻权责发生制和配比原则;正确区分五个费用界限,包括资本性支出与收益性支出的界限、产品制造成本与期间费用的界限、本期产品制造成本与下期产品制造成本的界限、各种产品的成本界限、完工产成品与期末在产品的成本界限。

(二) 生产费用分配方法和分配标准的设计

1. 要素费用分配方法和分配标准的设计

(1) 直接材料费用的分配。
(2) 外购动力费用的分配。
(3) 直接工资费用的分配。
(4) 辅助生产费用的分配。
(5) 制造费用的分配。

2. 完工产品和在产品之间费用分配方法和分配标准的设计

(1) 约当产量比例分配法。

(2) 定额耗用量比例分配法。
(3) 不计算在产品成本法。
(4) 按年初数固定计算在产品成本法。
(5) 在产品成本按完工产品成本计算法。
(6) 按所耗原材料费用计算在产品成本法。
(7) 定额成本法。

四、生产费用核算凭证的设计和一般程序的设计

(一) 生产费用核算凭证的设计

(1) 各项要素费用分配凭证的设计。主要以材料费用分配表、外购动力费用(电费)分配表、工资费用分配表、固定资产折旧分配表的一般格式为例,说明要素费用分配表的设计。
(2) 辅助生产费用的分配。
(3) 制造费用分配表的设计。
(4) 产品成本计算单和完工产品成本汇总计算表的设计。

(二) 生产费用核算一般程序的设计

工业企业生产费用归集和分配的一般程序应包括以下七个方面的内容。
(1) 审核原始凭证,根据审核无误的原始凭证和费用的受益对象,编制各项费用分配表。对于直接费用,记入生产成本(基本生产)总账和明细账;间接费用分别记入生产成本(辅助生产)、制造费用、废品损失等总账和明细账。
(2) 将应由本期负担的费用额分配记入生产成本(辅助生产)、制造费用、废品损失等总账和明细账。
(3) 编制辅助生产费用分配表,按所设计的分配方法将其分配至生产成本(基本生产)、制造费用、废品损失等总账与明细账。
(4) 编制制造费用分配表,将制造费用分配记入生产成本、废品损失等总账和明细账。
(5) 将不可修复废品成本由生产成本(基本生产)账户转至废品损失总账与明细账。
(6) 编制废品损失分配表,将废品损失净额分配记入生产成本总账与明细账(基本生产的废品损失成本项目)。
(7) 期末计算完工产品成本与在产品成本,将完工产品成本转至产成品总账和明细账。

五、产品成本计算方法的设计

第一步,选择基本的成本计算方法。
第二步,对选定的基本成本计算方法结合企业情况加以补充、修订或创新设计。
(1) 品种法成本计算的基本程序。
(2) 分批法成本计算的基本程序。
(3) 分步法成本计算的基本程序。
(4) 有的企业需同时应用几种成本计算方法。
(5) 有的企业需将几种成本计算方法结合应用。

六、合理设计成本核算工作的级次

成本核算工作有如下两个级次。
（1）一级核算。
（2）二级核算。

第四节　标准成本核算方法的设计

一、标准成本概念选择

二、标准成本核算方法的实施程序设计

第一步，按照成本项目制定出各种产品的标准成本。

第二步，依据产品的标准成本进行产品成本核算，其中"在制品"（即"生产成本"），"库存商品"和"自制半成品"账户的借贷方，都按标准成本登录。

第三步，分成本项目计算产品实际成本与标准成本的各种成本差异，并设立对应的成本差异账户进行归集，以便用来控制和考核产品成本。在各个成本差异账户中，借方登记超支差异，贷方登记节约差异。

第四步，每月末根据各成本差异账户的借贷方余额编制成本差异汇总表，将各种成本差异余额转入"主营业务成本"或"本年利润"账户，计入当月损益。

第五步，分析各种成本差异，找出产生差异的原因，确定成本责任，进行成本考核。

三、标准成本核算方法设计的内容

（一）标准成本的制定

（1）直接材料标准成本的制定。
（2）直接人工标准成本的制定。
（3）制造费用标准成本的制定。

（二）标准成本差异分析

（1）直接材料成本差异的分析。
（2）直接人工成本差异的分析。
（3）变动制造费用成本差异的分析。
（4）固定制造费用成本差异的分析。

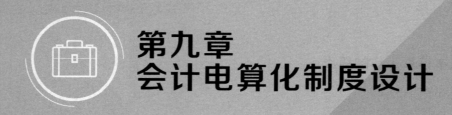

第九章 会计电算化制度设计

【学习目的】

会计电算化制度是进行会计电算化工作的规范和标准,是会计电算化工作的规则、方法和作业流程的总称。通过本章学习,要求掌握会计电算化制度的主要内容和设计要求,理解和掌握会计电算化内部控制系统设计和会计电算化信息系统维护与管理设计的内容。

第一节 会计电算化与会计电算化制度

一、会计电算化和会计电算化制度

会计电算化就是利用计算机进行记账、算账和报账,以及部分代替人工,完成对会计信息的核算、分析、预测和决策的过程。

会计电算化制度是进行会计电算化工作的规范和标准,是会计电算化工作的规则、方法和作业流程的总称,是会计制度的重要组成部分。

二、会计电算化制度设计的作用及要求

(一)会计电算化制度设计的作用

(1)使企事业单位会计工作程序化、规范化地进行。
(2)充分满足企事业单位内外会计信息使用者的需要。
(3)可以有效防止舞弊行为,保护资产的安全完整,为会计监督和开展审计工作创造条件。
(4)可以为会计电算化操作创造良好环境,保证信息的安全可靠。

(二)会计电算化制度设计应符合的要求

(1)保证会计信息的安全可靠。
(2)做到既满足单位使用又简便易行。
(3)应兼顾会计电算化信息系统各子系统之间的关系,遵循系统性原则,使整个系统实施最优化。
(4)应满足财会人员易学易用、操作方便的要求。

三、会计电算化制度设计的基本内容

(一) 会计电算化内部控制系统的意义与特点

会计电算化内部控制系统,也称电子数据处理会计内部控制系统,它涵盖了会计信息系统与内部控制的关系,延伸了内部控制在会计信息系统中的应用。

会计电算化的出现,不仅使传统手工会计工作的组织机构、处理程序发生了重大变革,而且在会计信息系统的控制和管理方式上也发生了重大的改变,并具有如下特点。

(1) 会计电算化内部控制系统的控制机能是由人和电算系统共同完成的。
(2) 会计电算化内部控制系统的控制过程具有规律性。
(3) 会计电算化内部控制系统的控制形式与信息处理同时进行。
(4) 会计电算化内部控制系统的控制内容并不限于软件系统内部。
(5) 会计软件系统内部的控制行为自动化不允许人的接近。

(二) 会计电算化信息系统内部控制制度设计的内容

这主要包括管理控制、操作控制、系统开发控制、安全性控制等。

(三) 会计电算化信息系统作业制度设计的内容

1. 会计软件各子系统的初始化设计

2. 会计软件各子系统日常处理的设计
(1) 输入和修改记账凭证。
(2) 凭证复核。
(3) 科目汇总,记账。
(4) 月末处理:包括月末转账、试算平衡、对账、结账等处理。
(5) 打印账簿和报表。
(6) 银行对账。

3. 会计软件各子系统之间数据传递、共享的设计

第二节　会计电算化制度设计的原则

一、会计电算化系统管理制度设计的基本依据

基本依据有如下两个方面。
(1) 财政部、国家审计总署有关会计电算化管理的法令、法规和制度。
(2) 计算机系统工作的基本特点。

二、会计电算化信息系统管理制度设计原则

会计电算化信息系统管理制度设计有如下四项原则。
(1) 合法性原则。
(2) 业务处理程序标准化原则。
(3) 经济性原则。
(4) 民主性原则。

第三节　会计电算化内部控制系统设计

一、会计电算化内部控制系统的目标设计

(一) 会计电算化内部控制设计的总目标

保证会计电算化系统的可控、合法、可靠和高效率运行,最大限度地保护电算系统下信息和资产的完整,保证财务记录、会计报表等管理信息的准确性和可靠性,促进会计电算化在企业管理中的有效运用,严守管理标准和效率。

(二) 会计电算化内部控制设计的子目标

(1) 责任控制目标设计。
(2) 防错控制目标设计。
(3) 效率控制目标设计。
(4) 环境控制目标设计。

二、会计电算化内部控制系统的内容设计

(一) 会计电算化内部控制系统的分类

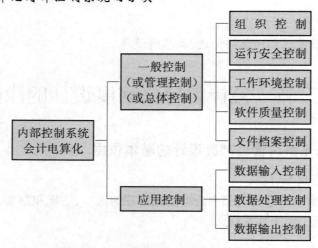

图 9-1　会计电算化内部控制系统的分类

对于上述内容还可以进一步分为以下四类。
(1) 管理控制。
(2) 操作控制。
(3) 系统开发控制。
(4) 安全性控制。

(二) 会计电算化系统的一般控制设计

会计电算化系统的一般控制（又称管理控制或总体控制），是以软件系统存在的外在环境控制为主的控制。

1. 组织控制
(1) 组织机构设置控制。
(2) 职责与权限控制。从内部控制的角度来考虑，以下职能必须分离，应由不同的部门或人员来担任。
① 业务审批与计算机操作。
② 输入数据准备与计算机操作。
③ 数据文件处理与计算机操作。
④ 程序编制、修改与计算机操作。
⑤ 程序和数据文件的管理与计算机操作。
⑥ 重要的计算机打印误差表的调整与计算机操作。
(3) 人员配置。应注意下列职务的分离。
① 会计人员与操作人员的职务分离。
② 系统设计人员与操作人员的职务分离。
③ 系统设计人员和会计人员的职务分离。

2. 运行安全控制
(1) 系统文件安全控制设计。应注意以下两类问题。
① 系统文件由专人保管、使用和修改。
② 系统文件设计上的自行维护。
(2) 系统操作的安全控制设计。

3. 工作环境控制
(1) 硬件工作状况控制。
(2) 自然环境控制。

4. 软件质量控制
(1) 软件开发质量控制。
(2) 软件使用质量控制。

5. 文件档案控制

(1) 非书面输出的文档控制。
(2) 书面输出的文档控制。
(3) 文档查阅控制。
(4) 文档销毁控制。

(三) 会计电算化系统的应用控制设计

1. 数据输入控制

数据输入控制的形式主要有以下八种。
(1) 多重输入校验。
(2) 逻辑校验。
(3) 顺序校验。
(4) 字段类型校验。
(5) 符号校验。
(6) 校验码控制。
(7) 合计数控制。
(8) 平衡校验。

2. 数据处理控制
(1) 理性控制。
(2) 勾稽关系控制。
(3) 有效性控制。

3. 数据输出控制

第四节 会计电算化信息系统运行维护与管理的设计

一、会计信息系统内部管理制度的设计

(一) 会计电算化岗位责任制设计

(1) 电算主管。
(2) 软件操作。
(3) 审核记账。
(4) 电算维护。
(5) 电算审查。
(6) 数据分析。

(7) 会计档案资料保管员。
(8) 软件开发。

（二）会计电算化操作管理制度的设计

(1) 明确规定上机操作人员对会计软件的操作工作内容和权限,对操作密码严格管理,指定专人定期更换操作员的密码,杜绝未经授权人员操作会计软件。

(2) 预防已输入计算机的原始凭证和记账凭证等会计数据未经审核而登记机内账簿,保证会计数据的正确合法。

(3) 操作人员离开机房前,应执行相应命令退出会计软件,否则密码的防线就会失去作用,给无关人员操作软件留下机会。

(4) 根据本单位实际情况,由专人保存必要的上机操作记录,记录操作人、操作时间、操作内容、故障情况等内容。

(5) 必要的防范计算机病毒的措施和制度。

（三）计算机硬件、软件和数据管理制度设计

(1) 计算机硬件设备维护管理制度的设计。
(2) 会计软件和系统软件维护管理的设计。
(3) 会计数据的安全维护管理的设计。

（四）电算化会计档案管理制度的设计

(1) 对电算化会计档案管理要做好防磁、防火、防潮、防尘等工作,重要的会计档案应准备双份,存放在两个不同的地点。

(2) 采用磁性介质保存会计档案,要定期进行检查,定期进行复制,防止由于磁性介质损坏,而使会计档案丢失。

(3) 会计软件的全套文档资料及会计软件程序视同会计档案保管,管理期截至该软件停止使用或有重大更改之后的 5 年。但一般情况下,单位如遇到会计软件升级、更换以及会计软件运行环境改变的情况时,旧版本会计软件及相关的文档资料应与该软件使用期的会计资料一并归档。

二、会计信息系统的相关管理工作设计

（一）会计软件的数据备份与恢复制度设计

(1) 小型会计软件一般都运行在单机或单台服务器上,可以采用软盘或磁带机进行数据备份,备份时间一般是按天(不应超过一周时间)进行备份,也可以在计算机中不同的硬盘上进行备份,以防止硬盘损坏而丢失会计电子数据。对于这种数据备份方式,应按日期做好电子数据的档案管理工作。

(2) 对于大型会计软件系统的运行,由于数据量大,一般应采用两个服务器和磁盘阵列进行双机热备份,以提高系统运行的安全性。

(二) 会计软件应用的二次开发工作设计

(1) 做好业务需求分析工作。

(2) 对二次开发进行系统设计。在进行系统设计时需弄清会计软件产品中相关数据库的结构,以便与标准化软件产品能很好地对接。

(3) 组织软件开发。从事二次开发的软件开发人员需要掌握已购买的商品化会计软件的开发平台,或会计软件产品自身提供的开发工具。

(4) 系统测试。在完成二次开发后,应对开发出的功能进行仔细测试,只有通过测试后才能投入正常使用。

(5) 操作培训。在二次开发工作完成并通过测试后,应组织对操作人员进行培训。

(6) 二次开发维护。企业完成二次开发工作并投入实际运行后,系统维护人员还需要对系统运行提供维护服务。

(三) 建立严格的防范计算机病毒侵害制度

及时了解和掌握计算机病毒的种类与病毒感染的具体表现,有针对性地设计防范对策。

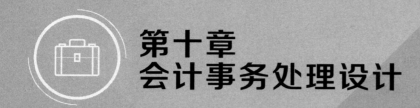

第十章 会计事务处理设计

> 【学习目的】
>
> 通过本章学习,主要了解普通会计事务处理的一般原则和资产、负债、所有者权益、收入、费用、损益、财务报告处理的具体准则,重点掌握货币资金、工资、固定资产、采购、存货、生产、销售、投资、筹资、财务等主要经济业务的内部控制要点、处理程序和控制重点。

第一节 会计事务处理准则

一、会计事务处理的一般原则

会计事务处理有十二项原则。

(1) 会计基础。
(2) 核算依据。
(3) 信息要求。
(4) 会计方法。
(5) 一致性原则。
(6) 及时性原则。
(7) 清晰性原则。
(8) 配比原则。
(9) 谨慎原则。
(10) 计价原则。
(11) 支出划分原则。
(12) 财务报告原则。

二、资产业务处理准则

资产业务有如下四项处理准则。
(1) 流动资产业务处理准则。
(2) 长期投资业务处理准则。
(3) 固定资产业务处理准则。
(4) 无形资产业务处理准则。

三、负债业务处理准则

负债业务有如下两项处理准则。
(1) 流动负债业务处理准则。
(2) 非流动负债业务处理准则。

四、所有者权益业务处理准则

五、收入业务处理准则

六、费用业务处理准则

七、损益业务处理准则

八、财务报告业务处理准则

第二节 货币资金业务处理的设计

一、货币资金业务的内部控制要点

二、货币资金业务处理的程序设计

货币资金业务处理有如下六个程序设计。
(1) 现金作业程序。
(2) 银行存款作业程序。
(3) 有价证券作业程序。
(4) 库存保证票据作业程序。
(5) 调节核对作业程序。
(6) 备用金及一般费用报销程序。

三、货币资金业务处理的控制重点

(一) 出纳现金收支作业的控制重点

(1) 库存现金的控制措施。
(2) 对现金收入的处理时采取的控制方式。
(3) 对现金支出的处理时采取的控制方式。
(4) 针对现金特点对现金保管的控制。
(5) 建立周密完善的现金出纳控制制度。
(6) 每月底会计整理送存银行的《代收票据明细表》与支票保管人送银行交换的支票应相符。

(7) 托收票据兑现日应与预估兑现日一致,若差异太多,应查明原因。
(8) 依预估托收票据兑现日及账户分别编制总额表,以便作现金调度。
(9) 稽核单位应定期或不定期核对存入银行的款项,须与入账日期相符,并注意支付兑现日期有无在付款日之前者。

(二) 对备用金报销的控制重点

第三节　工资业务处理的设计

一、工资业务的内部控制要点

二、工资业务处理的程序设计

(1) 每月车间或科室的考勤人员将考勤表(或考勤簿)送交劳动工资或人事部门。
(2) 劳动工资部门或人事部门据此编制出汇总表并计算职工的应发工资,编制工资单一式三份和工资汇总表一式两份。
(3) 工资单和工资汇总表经审核后送财会部门。
(4) 财务部门根据有关部门扣款通知单,在工资单和工资汇总表上计算实发工资,经审核后签发提现支票,并登记支票登记簿,或通知银行直接存入职工户头。
(5) 一份工资单随现金发送职工,另两份工资单经职工签名后分别返回劳动工资部门或人事部门和财会部门留存,如有的单位工资单不返还劳动工资部门,职工只需在一张工资单签收,留存财会部门。
(6) 一份工资汇总表记入有关账户,另一份交劳动工资部门。

三、薪工控制的重点

薪工控制有如下九个重点。
(1) 人力资源规划控制重点。
(2) 招聘作业控制重点。
(3) 任用作业控制重点。
(4) 培训作业控制重点。
(5) 考勤考核作业控制重点。
(6) 奖惩升迁作业控制重点。
(7) 薪资作业控制重点。
(8) 福利作业控制重点。
(9) 离职退休作业控制重点。

第四节 固定资产业务处理的设计

一、固定资产业务的内部控制要点

二、固定资产业务处理的程序设计

固定资产业务处理有如下三个程序设计。
(1) 设备更新申请批准程序。
(2) 设备采购、验收、付款程序。
(3) 设备清理报废程序。

三、固定资产的控制重点

固定资产的控制有如下六个重点。
(1) 取得作业控制重点。
(2) 异动盘点作业控制重点。
(3) 减损作业控制重点。
(4) 工程管制作业控制重点。
(5) 投保作业控制重点。
(6) 差异分析控制重点。

第五节 采购业务处理的设计

一、采购业务的内部控制要点

二、采购业务处理的程序设计

采购业务处理有如下四个程序设计。
(1) 日常采购计划编制与合同签订程序。
(2) 临时采购申请程序。
(3) 采购验货付款结算程序。
(4) 采购业务记账程序。

三、采购控制的重点

采购控制有如下七个重点。
(1) 请购作业控制重点。
(2) 采购作业控制重点。
(3) 进口作业控制重点。

(4) 验收作业控制重点。
(5) 不符作业控制重点。
(6) 付款作业控制重点。
(7) 差异分析控制重点。

第六节 存货业务处理设计

一、存货业务的内部控制要点

二、存货业务处理的程序设计

存货业务处理有如下五个程序设计。
(1) 材料领发业务处理程序。
(2) 委托加工材料发料业务程序。
(3) 委托加工材料完工验收付款业务程序。
(4) 产品生产完工交库业务处理程序。
(5) 存货业务记账程序设计。
第一，双重登记法。
第二，汇总账页与库存月报结合法。
第三，余额轧差法。

三、存货作业的控制重点

存货作业有如下两个重点。
(1) 仓储作业控制重点。
(2) 投保作业控制重点。

第七节 生产业务处理的设计

一、生产控制的目的与内容

生产控制的主要目的是力求对生产计划和进行生产这两项职能进行调整。也就是说，要准确地掌握作业的进行情况，了解计划与实际生产的差异及原因，并采取措施，使生产接近计划。

生产控制业务按内容和顺序包括以下四个方面。
(1) 生产安排，即发出作业指令，进行综合安排和个别安排。
(2) 作业分配，主要进行作业准备、作业分配和作业指导。
(3) 作业控制，即进行进度管理、余力管理(工时管理)和工件管理。
(4) 事后处理，即进行善后处理、不合格品处理和资料管理。

二、生产计划控制

（一）期间生产计划控制

期间生产计划控制,是指根据市场需要的内容、需要量和企业当前生产能力,确定将来一定时期内必需的设备、人员和材料的需要量。又分为长期生产计划控制和年度生产计划控制。

（二）月度生产计划控制

月度生产计划控制,是指根据大致确定的需要量与内容,及年度内生产能力状况,确定必需的设备、人员和得到材料的时间。该种控制是年度计划控制的分期控制。

（三）日程计划控制

日程计划控制,是指根据已确定的生产内容、需求量和已经得到的生产能力,确定生产开始和结束的时间。日程计划是以月度计划为基础制定的,其根本目的在于控制月度计划的逐步实现。

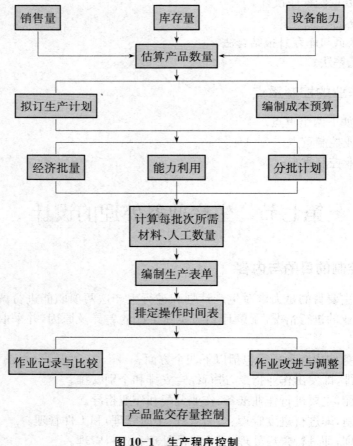

图 10-1　生产程序控制

三、生产作业控制

生产作业控制的主要内容是生产调度、物料管理、动作与时间研究、作业核算与在制品管理等。但其控制的重点工作,应该是生产调度与进度催查。

(1) 生产安排。
(2) 作业分配。
(3) 进度检查。
(4) 差误纠正。

四、质量控制

质量控制,是指设立质量标准并监控生产过程以确保生产出来的产品皆能合乎所建立标准的一种生产功能。也就是说,为了提供合乎规定质量的产品所从事的一切程序、方法、检查和测试等活动。质量控制的主要措施有授权控制、规划控制、作业控制与检验控制等。

检验是质量控制的有效方法之一。检验控制的主要目的,是稽核质量制度与协助生产达成预定目标,并仔细分析缺点,以便采取纠正措施。

五、生产控制的方法

生产控制的对象是生产作业,而作业是由生产对象(材料)、生产主体(操作人员)、生产资料(机器设备)三个要素构成的。因此,对生产控制,其主要内容是对上述三个要素的控制;控制的主要方法则是进度控制、余力控制、工件控制、数量控制与资料控制等。

六、生产和成本控制措施

七、生产和成本控制重点

生产和成本有如下十个控制重点。

(1) 生产规划控制重点。
(2) 负荷规划控制重点。
(3) 委托加工控制重点。
(4) 进度作业控制重点。
(5) 生产管理控制重点。
(6) 质量管理控制重点。
(7) 保养维修控制重点。
(8) 安全卫生控制重点。
(9) 生产成本控制重点。
(10) 差异分析控制重点。

第八节 销售业务处理的设计

一、销售业务的内部控制要点

二、销售业务处理的程序设计

销售业务有如下四个处理程序。
(1) 订货销售业务处理程序。
(2) 发货制销售业务程序。
(3) 提货制销售业务程序。
(4) 销售业务记账程序。

三、销货及收款的控制重点

销货及收款有如下十三个控制重点。
(1) 销售预测控制重点。
(2) 销售计划控制重点。
(3) 订单处理控制重点。
(4) 征信作业控制重点。
(5) 交货作业控制重点。
(6) 签票作业控制重点。
(7) 应收账款作业控制重点。
(8) 客诉处理控制重点。
(9) 签押作业控制重点。
(10) 收款作业控制重点。
(11) 折让作业控制重点。
(12) 异常账款控制重点。
(13) 差异分析控制重点。

第九节 投资及融资业务处理设计

一、投资和融资业务的内部控制要点

投资和融资业务有如下两个内部控制要点。
(1) 投资业务内部控制要点。
(2) 融资业务内部控制要点。

二、投资和融资业务处理的程序设计

(一) 投资业务处理程序

(1) 证券购入业务处理程序。
(2) 证券出售业务处理程序。
(3) 证券投资收益业务处理程序。

(二) 融资业务处理程序

(1) 股票发行业务处理程序。
(2) 股利分配业务处理程序。
(3) 债券发行业务处理程序。
(4) 银行借款业务处理程序。

三、投资的控制重点

投资有如下七个控制重点。
(1) 投资评估控制重点。
(2) 投资买卖控制重点。
(3) 保管与异动控制重点。
(4) 盘点与抵押控制重点。
(5) 申报与公告控制重点。
(6) 投资记录控制重点。
(7) 差异分析控制重点。

第十节　其他财务作业处理的设计

一、预算作业控制设计

(1) 预算编制程序。
(2) 预算作业控制重点。

二、股务作业控制设计

(1) 股务作业程序。
(2) 股务作业控制重点。

三、负债作业控制设计

(1) 负债作业程序。
(2) 负债作业控制重点。

四、营业外收支控制设计

(1) 营业外收支作业程序。
(2) 营业外收支作业控制重点。

五、印鉴管理设计

(1) 印鉴管理作业程序。
(2) 印鉴管理控制重点。

六、背书保证控制设计

(1) 背书保证作业程序。
(2) 背书保证作业控制重点。

七、凭证处理控制

(1) 凭证处理程序。
(2) 凭证处理控制重点。

八、会计账务处理控制设计

(1) 会计账务处理程序。
(2) 会计账务处理控制重点。

九、财务报表查核控制设计

(一) 财务报表查核程序

(1) 应收账款的查核。
(2) 固定资产的查核。
(3) 长期股权投资的查核。
(4) 存货评价的查核。
(5) 折旧、摊销的查核。
(6) 资本支出与收益支出的查核。
(7) 利息资本化的查核。
(8) 备抵坏账的查核。
(9) 或有负债的查核。
(10) 处分固定资产损益的查核。
(11) 所得税的查核。

(二) 财务报表查核控制重点

十、会计资料管理控制设计

(1) 会计资料管理控制。

(2) 会计资料管理控制重点。

十一、绩效评估控制设计

(1) 绩效评估程序。
(2) 绩效评估控制重点。

第十一章 内部稽核设计

> 📖 **【学习目的】**
> 内部稽核是会计机构本身对于会计核算工作进行的一种自我检查或审核工作,它是会计监督的内容,也是内部控制的主要方式。通过对本章的学习,了解内部稽核的职责和范围,掌握内部稽核方式和方法,并对会计错弊稽核与交易循环稽核有深刻的认识。

第一节 内部稽核职责与范围

一、内部稽核职责

二、内部稽核范围

内部稽核的范围,主要包括会计事务稽核、经营预算稽核、财务出纳稽核和财物变动稽核等。

第二节 内部稽核程序与方法

一、内部稽核程序

稽核最基本的三个步骤。
(1) 查明事实。
(2) 衡量是非。
(3) 提出结论。

对于定期的、正规的稽核工作,还必须遵循准备、实施、分析、报告与追踪等五个方面的要求。

二、内部稽核方法

(一) 审阅法

(1) 会计资料的审阅。
(2) 其他资料的审阅。

(二) 复核法

(1) 会计数据的复核。
(2) 其他数据的复核。

(三) 核对法

(1) 会计资料间的核对。
(2) 会计资料与其他资料的核对。
(3) 有关资料记录与实物的核对。

(四) 盘存法

盘存方法，可以用来证实财产物资的实有情况，并与会计记录比较，借以发现差异。

(五) 函证法

函证法既可用于有关书面资料的证实，也可用于有关财产物资的证实，如应收应付账款余额真实性的核实、财物所有权的核实等。

(六) 观察法

观察法结合盘点法、询问法使用，会取得更佳的效果。

(七) 鉴定法

鉴定法主要应用于涉及较多专门技术问题的稽核领域，同时也应用于一般稽核实务中难以辨明真伪的场合，如纠纷、造假事项等。

(八) 分析法

分析法主要有比较分析、平衡分析、科目分析和趋势分析等。

(九) 推理法

推理方法的步骤如下。
(1) 提出恰当分析。
(2) 进行合理推理。
(3) 进行正确判断。

(十) 询问法

(十一) 调节法

第三节　会计错误与舞弊的稽核

一、会计错误

(一) 会计错误含义及形成原因

会计错误是指账务上的记录、计算、整理、编表等工作，违反了真实性、合法性和适当性的原则，但不含任何不良企图，纯属非故意造成的会计过失。会计错误的形成原因有以下三点。

(1) 会计人员的素质。
(2) 工作态度。
(3) 内部控制的程度。

(二) 错误种类

(1) 原理错误。
(2) 记账错误。
(3) 计算错误。

(三) 会计错误的认定

会计错误的特征主要有下列三个方面。

(1) 会计错误的发生多是一种经办人员学识不足，经验欠缺，疏忽和过失的行为。没有任何不良企图。
(2) 造成会计错误的原因很多，从其表现形式来看，主要有运用会计原理不当造成的错误、会计人员疏忽造成的错误、会计人员对有关法规不熟造成的错误、企业单位管理混乱造成的错误。
(3) 所发生的会计错误违反了真实性、合法性和适当性的原则，不能如实反映经济活动情况。

二、会计舞弊

(一) 会计舞弊的含义和特征

(二) 会计舞弊的种类

从舞弊主体方面来划分，舞弊行为可分成两种不同类型。
(1) 个人舞弊。
(2) 单位舞弊。

(三) 衡量会计舞弊的标准

会计错误与会计舞弊又各有其不同的特征。主要区别有以下三项。

(1) 动机不同。
(2) 手段不同。
(3) 结果不同。

衡量会计舞弊的标准,可以归纳为下列三项。

(1) 公共财产是否受到损失。由于账务上的造假,使公共财产遭受损失的,即属于会计舞弊。
(2) 掩饰真相,欺骗国家。由于掩饰真实情况,会计上造假记录,使国家或单位受害的,即属于会计舞弊。
(3) 是否利用职权谋取私利。凡是利用自己的职权谋取私利,造成会计记录失实的,即属于会计舞弊。

三、主要经济业务处理中的会计错弊现象

会计错弊现象常出现在如下十四种经济业务处理中。
(1) 库存现金业务处理中的会计错弊现象。
(2) 银行存款业务处理中的主要会计错弊现象。
(3) 交易性金融资产业务处理中的主要会计错弊现象。
(4) 应收账款及预付货款业务处理中的主要会计错弊现象。
(5) 应收票据业务处理中的主要会计错弊现象。
(6) 材料业务处理中的主要会计错弊现象。
(7) 长期投资业务处理中的主要会计错弊现象。
(8) 无形资产业务处理中的主要会计错弊现象。
(9) 固定资产业务处理中的主要会计错弊现象。
(10) 流动负债业务处理中的的主要会计错弊现象。
(11) 非流动负债业务处理中的的主要会计错弊现象。
(12) 所有者权益业务处理中的的主要会计错弊现象。
(13) 成本费用业务处理中的主要会计错弊现象。
(14) 损益业务处理中的主要会计错弊现象。

第四节　销货及收款循环稽核

一、销货及收款循环稽核内容

这包括如下两个方面的稽核。
(1) 对有关制度规程的稽核。
(2) 对主要作业的稽核。

二、销货及收款循环稽核工作的重点

这包括如下七个方面的稽核重点。

(1) 授信作业稽核重点。
(2) 售价作业稽核重点。
(3) 发票作业稽核重点。
(4) 客诉处理作业稽核重点。
(5) 销货折让及退回作业稽核重点。
(6) 销货收入与应收账款作业稽核重点。
(7) 销货成本及毛利作业稽核重点。

第五节　采购及付款循环稽核

一、采购及付款循环稽核内容

该稽核主要分为三个方面。
(1) 对制度与授权的稽核。
(2) 对内部作业的稽核。
(3) 对特殊项目的稽核。

二、采购及付款循环稽核工作的重点

这包括如下八个稽核重点。
(1) 采购预算作业稽核重点。
(2) 请购作业稽核重点。
(3) 采购作业稽核重点。
(4) 验收作业稽核重点。
(5) 不履行合约或罚款作业稽核重点。
(6) 仓储管理作业稽核重点。
(7) 付款作业稽核重点。
(8) 投保作业稽核重点。

第六节　生产循环稽核

一、生产循环稽核内容

这包括如下四个方面的稽核。
(1) 对生产制度规程的稽核。
(2) 对生产项目决定及生产规划的稽核。
(3) 对生产作业稽核。
(4) 对其他活动的稽核。

二、生产循环稽核工作的重点

这包括如下八个稽核重点。
(1) 生产计划作业稽核重点。
(2) 制度规程管理稽核重点。
(3) 质量管理稽核重点。
(4) 设备保养稽核重点。
(5) 安全卫生作业稽核重点。
(6) 呆废料作业稽核重点。
(7) 生产成本作业稽核重点。
(8) 生产绩效稽核重点。

第七节 工资循环稽核

一、工资循环稽核内容

这包括如下三个方面的稽核。
(1) 对制度与规程的稽核。
(2) 对人事规划及发展的稽核。
(3) 对人事行政的稽核。

二、工资循环稽核工作的重点

这包括如下十六个作业稽核重点。
(1) 任用作业稽核重点。
(2) 工作时间作业稽核重点。
(3) 请假作业稽核重点。
(4) 训练作业稽核重点。
(5) 考绩作业稽核重点。
(6) 奖惩作业稽核重点。
(7) 晋升作业稽核重点。
(8) 辞职作业稽核重点。
(9) 辞退作业稽核重点。
(10) 留职停薪作业稽核重点。
(11) 调职作业稽核重点。
(12) 退休抚恤金作业稽核重点。
(13) 工资发放作业稽核重点。
(14) 代扣款处理作业稽核重点。
(15) 薪工记录作业稽核重点。
(16) 福利管理作业稽核重点。

第八节 融资循环稽核

一、融资循环稽核内容

(一) 规程或制度稽核

(二) 日常作业活动稽核

(1) 财务基本控制稽核。
(2) 会计政策稽核。
(3) 报表分析稽核。
(4) 利润分析稽核。
(5) 资金调度稽核。

(三) 管理规划稽核

(1) 年度预算稽核。
(2) 利润规划稽核。

(四) 资本支出规划与控制稽核

(1) 资本支出预算稽核。
(2) 资本支出方案的控制稽核。
(3) 资金成本与效益稽核。

(五) 资金需求测定与筹措稽核

(1) 短期资金需求稽核。
(2) 长期资金需求稽核。

(六) 税务处理稽核

(1) 政策稽核。
(2) 作业效率稽核。

(七) 保险事务稽核

(1) 政策稽核。
(2) 执行效率稽核。

(八) 定价抉择稽核

(1) 定价政策稽核。
(2) 执行控制稽核。

二、融资循环稽核重点

这包括如下十八个作业稽核重点。
(1) 公积与盈余作业稽核重点。
(2) 股本作业稽核重点。
(3) 股务作业稽核重点。
(4) 背书保证作业稽核重点。
(5) 短期借款作业稽核重点。
(6) 中长期借款作业稽核重点。
(7) 现金作业稽核重点。
(8) 票据作业稽核重点。
(9) 备用金作业稽核重点。
(10) 财务报表作业稽核重点。
(11) 会计账务处理作业稽核重点。
(12) 一般费用报销作业稽核重点。
(13) 营业外收支作业稽核重点。
(14) 福利金管理作业稽核重点。
(15) 税捐及规费作业稽核重点。
(16) 凭证作业稽核重点。
(17) 所有者权益作业稽核重点。
(18) 印鉴及支票使用作业稽核重点。

第九节 投资循环稽核

投资循环有六个作业稽核重点。
(1) 投资评估作业稽核重点。
(2) 买卖作业稽核重点。
(3) 保管、异动作业稽核重点。
(4) 盘点、抵押作业稽核重点。
(5) 申报、公告作业稽核重点。
(6) 会计处理作业稽核重点。

第十节 固定资产循环稽核

一、固定资产循环稽核内容

这包括如下五个稽核内容。

(1) 对财产管理的组织状况稽核。
(2) 对资本性支出管理状况稽核。
(3) 对工程建设状况稽核。
(4) 对财产管理控制状况稽核。
(5) 财产管理效能稽核。

二、固定资产循环稽核工作的重点

这包括如下七个作业稽核重点。
(1) 固定资产取得及折旧作业稽核重点。
(2) 固定资产修理及维护作业稽核重点。
(3) 固定资产报废出售作业稽核重点。
(4) 固定资产抵押出租或出借作业稽核重点。
(5) 闲置固定资产作业稽核重点。
(6) 工程作业稽核重点。
(7) 投保作业稽核重点。

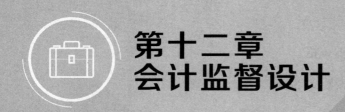

第十二章 会计监督设计

> 【学习目的】
> 通过对会计监督重要的职能及实行单位内部会计监督内容的学习,了解和掌握单位会计机构和会计人员的各项职责。

第一节 内部会计监督设计

一、内部会计监督制度应当符合的要求

内部会计监督制度应当符合如下四个要求。
(1) 重要职务职责权限明确。
(2) 重要经济业务处理程序明确。
(3) 明确财产清查制度。
(4) 明确会计资料内部审计制度。

二、内部会计监督职责设计

内部会计监督职责有如下两个方面。
(1) 单位负责人职责。
(2) 会计人员职责。

三、违法检举处理设计

第二节 外部会计监督设计

一、注册会计师对单位会计的监督

二、财政部门对单位会计的监督

(1) 监督单位是否依法设置会计账簿。
(2) 监督单位会计资料是否真实、完整。
(3) 监督单位会计核算是否合规、合法。

(4) 监督单位会计人员是否具备从业资格。

三、政府有关部门对单位会计资料的监督

(1) 财政机关的监督。
(2) 审计机关的监督。
(3) 税务机关的监督。
(4) 人民银行的监督。
(5) 证券监督机构的监督。
(6) 保险监管机构的监督。

第二部分 部分复习思考题答案

第一章
会计制度设计概述

1. 什么是内部控制和内部控制制度?

内部控制是指一个组织为了提高经营效率和充分地获取和使用各种资源,为了达到既定的管理目标,而在内部正式实施的各种制约和调节的组织、计划、方法和程序。它是有效执行组织策略的必要工具,是现代化企业重要的任务及管理方式与手段,是实现高效化、专业化、规范化和自动化的最基本条件。我国企业内部控制基本规范所称内部控制,是由董事会、监事会、经理层和全体员工实施的、旨在实现控制目标的过程。

内部控制制度,是组织内部管理工作的重要组成部分,是满足该单位的组织、业务和管理目标的需要而设计的。它应当包括与保护资产安全、确保各种信息资料的可靠、有利领导决策、促进管理方针的传达和贯彻、提高工作效率和经济效益有关的内部管理控制。

2. 内部控制制度有何作用?有何局限性?

有效的内部控制应起到以下七个方面的作用。

(1) 保证单位的一切业务活动按其计划目标进行,可以及时发现和纠正偏离目标的行为。

(2) 保证国家的财经政策、法令制度得到贯彻执行,便于及时发现、查明和处理问题。

(3) 保证会计资料和其他经济资料的可靠性。

(4) 保证财产安全完整,堵塞漏洞,防止或减少损失浪费,防止和查明贪污盗窃行为。

(5) 保证各种核算质量,提供有用的会计与管理的信息。

(6) 保证工作效率的提高。实行内部控制,使各种工作程序化、规范化,避免混乱现象。

(7) 有利于提高工作人员的素质。

它有以下六个方面的局限性。

(1) 管理人员要求每一项控制是有成本效果的,即控制费用不应与因弊端或错误所造成的可能损失不相称。因此,控制受到成本效果的限制。

(2) 内部控制只适用于对正常反复出现的业务事项进行控制,而不能对例外事项进行控制。

(3) 内部控制对于工作人员因粗心、精力不集中、身体欠佳、判断失误或误解指令而造成的人为错误无能为力。

(4) 对工作人员合伙舞弊或内外串通共谋无法控制。

(5) 对管理人员不能正确使用权力或滥用职权无法控制。

(6) 因情况变化使原来的控制措施失效,从而导致无法控制错误和弊端的发生。

3. 内部控制由哪些要素组成?

内部控制包括五个相互关联的组成要素,它们源自管理阶层经营企业的方式,且与管理的过程相结合。与管理相关的内部控制五要素为:(1) 控制环境;(2) 风险评估;(3) 控制活动；(4)资讯与沟通；(5)监督。

我国企业内部控制基本规范规定，企业建立与实施有效的内部控制，应当包括以下要素：(1)内部环境；(2)风险评估；(3)控制活动；(4)信息与沟通；(5)内部监督。

从报表审计角度考虑的内部控制三要素。

(1)控制环境。主要有管理哲学与经营方式、组织机构、审计委员会、人事政策和程序、授权和分配责任的方法、内部审计部门、外部影响。

(2)会计系统。主要有会计科目表、会计手册和标准会计分录；业务凭证制度；业务检查；交易处理方法。

(3)控制程序。主要有人员的胜任能力；政策和程序手册；计划、预算和业绩报告；分权制经营；资产保护；定期盘点存货、清点现金和证券。

4. 内部控制有哪些基本方法？

内部控制的方式、方法多种多样，但其基本的控制方式有目标控制、组织控制、人员控制、职务分离控制、授权批准控制、业务程序控制、措施控制与检查控制。

5. 什么是管理控制和会计控制？各有什么作用？

管理控制就是根据一定的经营方针，为合理而有效地进行经营活动而设定的各种管理。管理控制不仅包括单位的计划及有关的措施、方法和记录，而且包括与该单位实现目标有关的管理部门的一切功能。

管理控制的作用是为了保证单位目标的实现，管理政策的实施，提高经营效率和为会计控制提供基础。

会计控制主要是指单位内部应用会计方法和其他有关方法，对财务、会计工作和有关经济业务所进行的控制。会计控制不仅包括内部控制，而且还包括为了保证会计信息质量而采取的控制。

会计控制的作用在于保证国家经济方针和经济法规的贯彻执行；促进经济计划和财务预算的顺利执行；促进廉政建设，减少经济犯罪，维护社会主义财产的安全；提高会计信息的质量和提高会计工作效率。

6. 管理控制包括哪些内容？

(1)计划控制：预算控制制度、标准成本计算制度、利润计划、资金计划、设备投资计划等。

(2)信息、报告控制：服务于经营管理的内部报告制度、信息管理制度等。

(3)操作与质量控制：时间定额研究、操作规程研究、工程管理、质量管制等。

(4)人员组织与训练：机构建立与分工、人员配备与选择人员训练计划、职务考核与分析、职务评价、工资管理等。

(5)业务核算与统计核算：有关的业务核算、经营统计的编制和分析、销售预测等。

7. 会计控制包括哪些基本内容？采取哪三种形式？采用哪些方法？

会计控制的内容，在资产管理方面包括资产收付保管业务、资产维护手续和资产维护手段等。在会计管理方面，主要是健全并有效地运用会计制度。

会计控制一般分为合法性控制、完整性控制与正确性控制三种形式。
会计控制的主要方法是：
(1) 基础控制。包括完整性控制、合法性控制、正确性控制、一致性控制。
(2) 纪律控制。
(3) 实物控制。

8. 什么是会计制度？什么是会计制度设计？

会计制度是会计人员的工作制度，它是政府机关、社会团体及各种性质的企业、事业单位在处理其会计事务时制定的一种方法，它是会计方法和程序的总称，是会计工作的规范。

会计制度设计是以《会计法》和国家统一的会计制度为依据，用系统控制的理论和技术，把单位的会计组织机构、会计核算、会计监督和会计业务处理程序等加以具体化、规范化、文件化，以便据此指导和处理会计工作的过程。

9. 我国会计制度包括哪些种类？

(1) 会计制度按其内容可分为三类：一是有关会计工作的制度，如会计档案管理办法；二是有关会计核算和会计监督的制度，如企业会计准则；三是有关会计机构和会计人员管理的制度，如会计人员职权条例等。

(2) 会计制度按其性质又可分为政府会计制度和企业会计制度两类。

(3) 按照过去国家对企业实行的行业划分，包括我国已制定的一系列的指导性会计制度。

10. 我国国家统一的会计制度包括哪三层含义？

(1) 国家统一会计制度是由国务院财政部门统一制定并在全国范围内实施。

(2) 国家统一的会计制度应当依据《会计法》制定。

(3) 国家统一的会计制度是关于会计核算、会计监督、会计机构和会计人员以及会计工作管理的制度。

11. 目前我国会计工作中存在哪些方面问题？单位为什么要进行会计制度设计？

存在的问题包括以下三个方面。

(1) 一些单位受到利益驱动，在会计数据上"做文章"，假账真做、真账假做，造成假账泛滥，会计信息失真较严重。

(2) 违法干预会计工作，授意、指使、强令会计机构、会计人员篡改、伪造、变造会计数据，提供虚假财务会计报告，对国家出台有效的经济政策和调控手段构成威胁。

(3) 会计基础工作不扎实、不规范，缺乏健全而科学的内部控制制度等。

会计制度是单位所有管理制度中最根本的制度，没有健全的会计制度，所有的管理都失去了依据。一个健全的会计制度，不但能使单位的会计业务圆满推行，而且能够促使会计事务处理的合理化；能促进内部控制的健全与有效；有利于保证固定资产管理完善；能提供适当的预算管理办法；能正确表达及公平考核经营绩效；能使会计资料帮助管理者解决管理中的问题。

12. 会计制度设计主要有哪些方面内容？

（1）总则。说明制度的总体要求，如说明设计目的、实施范围、实施组织、启用时间等。

（2）会计科目和使用说明。规定总分类账户和二级账户的名称、编号、类别和核算内容等。

（3）会计凭证、会计账簿和会计报表的格式及应用。

（4）会计核算形式。账簿组织、记账程序和记账方法配合的方式。应用账簿的种类、格式和各种账簿间的关系；审核编制凭证、登记账簿和提供报表所需资料等的程序和方法，这些内容按不同的方式组合，就构成了不同的会计核算形式。

（5）会计处理程序手续。对主要经济业务处理程序和应办手续的说明。

（6）成本计算规程。应规定生产秩序、成本分类（材料成本、人工成本、间接成本）、产品成本计算、销售成本、成本控制与考核和成本报告等。

（7）电算化会计制度。

（8）会计内部稽核制度和会计监督制度。

13. 会计制度设计应遵循哪些原则？应注意哪些方面要求？

会计制度设计时，应遵循信息化、系统化和标准化的基本原则。在会计制度设计时应该满足以下四个方面的要求：（1）统一性；（2）适用性；（3）正确性；（4）有效性。

14. 怎样设计会计制度？

会计制度的设计程序一般包括以下四点。

（1）确定设计方式。设计方式按设计内容来分，有全面设计、补充设计和修订设计三种。设计方式按设计工作的组织形式分，一般又可分为单独设计、共同设计、集体设计和会议设计等四种。

（2）进行调查研究。调查研究主要方式是询问情况，搜集资料分析问题。调查研究的内容应该根据设计人员本身的需要而定，一般都要进行概况调查和业务活动处理情况的分析。

（3）实施具体设计。具体设计的工作过程，一般可分为拟订顺序，逐项进行设计，全面综合调整，广泛征求意见，提出制度方案。在实施设计时，特别要考虑内部会计控制的要求，尽量多设计一些核对点和平衡点，以加强控制。

（4）试行与修改阶段。会计制度初次设计完工之后，应通过一段时间的试行（如一个季度），然后在试行结果的基础上加以修改，使其变得更加完善，方能正式施行。

第二章
会计制度总则设计

1. 会计制度总则一般应包括哪些内容？

会计制度总则是会计制度的概括性条文，体现了设计该会计制度的基本指导思想和会计核算的基本要求，它对整个制度起着统驭说明作用。在会计制度总则中一般应说明设计会计制度的目的和依据是什么，适用什么范围，会计组织机构如何设置以及会计各个岗位有哪些职责，会计核算规则有哪些，会计档案如何管理，会计制度的解释权和修订权，会计制度执行的起始时间等内容。

2. 设计单位内部会计制度的依据有哪些？

按照我国建立与社会主义市场经济相适应的会计规范体系应是：《会计法》→国家统一会计制度→各单位内部会计制度。因此，设计单位内部会计制度的依据主要有《会计法》、国家统一会计制度，并与国家其他有关法规（《税法》《支付结算办法》《票据法》《合同法》《公司法》《证券法》《外商投资企业法》及结合本企业的具体情况制定内部会计制度等）相协调。

3. 什么是会计组织机构？设计单位会计组织机构应遵循哪些原则？

会计组织机构一般有两层含义。

（1）会计机构本身，作为单位内部的一个独立系统，它是各单位组织领导和办理会计业务的职能部门。

（2）单位会计机构的内部组织以及各个岗位的设置及其职责。

会计组织机构设计遵循三项原则：(1)适应性原则；(2)牵制性原则；(3)效率性原则。

4. 会计机构内部应如何分工？各岗位的职责有哪些？

会计机构组织的设计，应与单位整个组织体系相协调。以制造业为例，会计机构组织的设计大体有三种情况：小型企业会计机构组织的设计；大中型企业会计机构组织的设计；集团公司会计机构组织的设计。

小型企业会计机构可不必下设内部职能小组，只是对从事会计工作的人员作些岗位分工，如出纳、总账、明细账会计等，会计主管既可单设，也可兼总账会计。有些小型企业甚至不单独设置会计机构，而是在本单位有关机构（如办公室或行政科）中设置专职的会计人员，并指定会计主管人员，以保证本单位的会计工作顺利开展。

小型企业会计机构虽然不设内部职能小组，甚至只设人员不设机构，但在进行会计业务处理时，仍应遵循基本的会计操作规程。主要应注意下面三点。

（1）出纳与其他岗位的会计应分别由专人任职，明确职责范围，贯彻内部牵制原则。

（2）根据企业的生产经营情况和工艺流程，设定会计凭证的传递程序，按规范计量、记录,保证会计资料的真实、完整。

(3) 要经常进行对账工作,保证账证、账账、账实、账表相符,提高会计信息质量。

图 2-1 中总会计师是企业财会工作的最高业务负责人,全面负责企业的经济核算,其与企业其他行政副职领导地位相同,直接对厂长(或经理)负责。总会计师下面设结算中心和计财处两个机构。

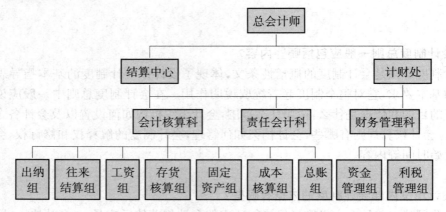

图 2-1 大中型企业会计机构的内部组织

结算中心的主要职责包括以下六个方面。

(1) 负责企业各单位和部门的经济结算工作,发行厂币,签发内部转账支票。

(2) 负责企业内部的资金调度使用、办理内部各单位、部门的借贷工作。

(3) 负责配合计财处进行企业有价证券的管理(包括债券、股票的发行、保管、兑付等)。

(4) 负责配合计财处办理企业的资金筹措(向银行等金融机构借款)。

(5) 按计划或定额控制成本费用,监督费用支出。

(6) 参与经济仲裁,提供经济信息。

在计财处下又分设会计核算科、责任会计科、财务管理科三个二级机构。会计核算科主要负责供、产、销过程相关业务的核算,会计电算化工作,以及总账、明细账、日记账的登记和会计报表编制等工作。现金出纳业务从性质上来说,属于财务范畴,但为便于现金与银行存款的收付和核对,一般都作为会计核算科的工作内容,出纳人员也作为会计核算科的人员配备。财务管理科主要负责资金筹措、使用及效益分析,以及利润税金的计算、利润分配等工作;责任会计科主要负责责任会计的实施。

在集团公司母公司中设计财部,它直接由总会计师或财务总监领导。在计财部下设三个机构,即计财处及各职能科室、结算中心和制度管理处,在各产品分公司、各经营分公司、各地区分支机构中设计财科。显然,这种机构设置的特点也是财务与会计合一(见图 2-2)。

集团公司计财处的主要职责如下。

(1) 负责母公司的日常会计核算工作。

(2) 负责母公司的财务管理工作。

(3) 负责母公司的合并会计报表的编制。

(4) 指导各分公司的财务会计工作。

(5) 负责有关财务指标的分解、公司内部价格的制定工作。

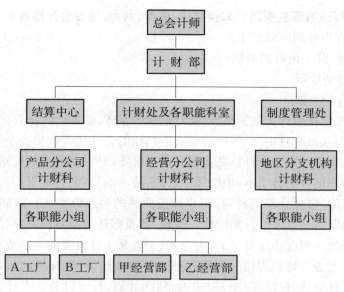

图 2-2　集团公司会计机构内部组织

结算中心的职责与大中型企业的基本相同。

集团公司制度管理处的主要职责如下。

（1）负责设计集团公司会计制度。

（2）负责拟订集团公司财务管理制度。

（3）负责拟订公司内部会计控制制度。

（4）检查各项财务会计制度的执行情况。

分公司、分支机构计财科的主要职责如下。

（1）负责本公司、本分支机构日常的会计核算和财务管理工作。

（2）负责指导、检查分公司所属工厂、经营部的会计核算和财务管理工作。

（3）负责提供本公司、本分支机构财务会计信息，并上报集团公司。

5. 在会计制度总则中应包括哪些会计核算规则？

（1）会计期间的确定。

（2）记账方法的选用。

（3）会计处理基础的确定。

（4）记账本位币和会计记录文字的确定。

（5）会计政策和会计估计变更的规定。

（6）运用会计科目的规定。

（7）会计凭证填制的规定。

（8）会计账簿登记的规定。

（9）编制和提供财务会计报告的规定。

（10）会计人员交接的规定。

（11）会计制度与税收制度的关系。

6. 会计档案管理有哪些原则？如何整理、保管、利用、销毁会计档案？

会计档案管理设计的原则如下。

（1）统一管理、分工负责的原则。

（2）齐全完整的原则。

（3）简便易行的原则。

会计档案整理包括会计凭证的整理、会计账簿的整理、财务会计报告的整理和其他会计资料的整理。定期或每个月份终了，应将所有应归档的会计凭证收集齐全，并根据记账凭证分类整理其附件，剔除不属于会计档案范围和没有必要归档的资料，补充遗漏的必不可少的核算资料，按适当厚度分成若干本，填制凭证封面，统一编号，装订成册，并由专人负责保管；年度终了，各种账簿（包括仓库的材料、产成品或商品的明细分类账）在结转下年、建立新账后，一般都要把旧账送交总账会计集中统一整理，活页账还要按页码顺序排好加封面后装订成本；财务会计报告一般在年度终了后，由专人（一般是主管报表的人员或会计机构负责人）统一收集，将全年财务会计报告按时间顺序整理装订成册，经会计机构负责人审核、盖章后立卷归档；其他会计资料，包括年（季）度成本、利润计划、月度财务收支计划、经济活动分析报告都应视同正式会计档案进行收集整理，但这部分资料不全部移交档案部门，有的在一个相当长的时期内，仍由财会部门保存，因此，应逐件进行筛选、鉴别，将需移交档案部门保存的，另行组卷装订并移交，其余的则由财会部门保存，以便随时利用。会计档案的整理要规范化。

会计档案的保管要严格执行安全和保密制度。做到会计档案完好无缺，不丢失、不破损、不霉烂、不被虫蛀；会计档案的信息不超过规定的传递的范围。

各单位每年形成的会计档案，在财务会计部门整理立卷或装订成册后，如果是当年的会计档案，在会计年度终了后，可暂由本单位财务会计部门保管一年，期满后，原则上应由财务会计部门编造清册移交本单位的档案部门保管。

各类会计档案的保管期限，根据其特点，可分为永久和定期两类。一般年度决算财务会计报告和会计档案保管、销毁清册需永久保存，其他会计资料作定期保存，定期保存期限分为 3 年、5 年、10 年、15 年、25 年。各种会计档案的保管期限，从会计年度终了后的第一天算起。各类会计档案所适用的保管期限为最低保管期限，各单位不得擅自变更。

保存会计档案的最终目的，是为了利用会计档案，因此，必须重视和加强会计档案的利用工作。各单位保存的会计档案不得借出。如有特殊需要，经本单位负责人批准，可以在指定地点提供查阅或者复制，并履行登记手续，归还时要清点。查阅或复制会计档案的人员，不得在会计档案上做任何记录、勾、划和涂改，更不能拆封或抽撤单据。

会计档案保管期满需要销毁时，应由单位档案部门会同财会部门提出销毁意见，共同鉴定，严格审查，按《会计档案管理办法》规定的报批程序审批。经批准销毁的会计档案，应按规定监销，各单位在按规定销毁会计档案时，应由档案部门和财务会计部门派人监销；国家机关销毁会计档案时，应由同级财政部门、审计部门派人监销；财政部门销毁会计档案时，应当由同级审计部门派人监销。监销人员要认真负责，在销毁会计档案以前要认真清点核对，销毁时要防止泄密、丢失，销毁后，档案部门、财会部门和各有关部门的监销人员要在会计档案目录封面上签字盖章，归档保存，并将监销情况书面报告本单位负责人。

7. 试根据《会计法》、国家统一的会计制度和《外商投资企业法》以及其他法律、法规的规定,并自设有关条件,为某中外合营企业设计编写一份内部会计制度总则。

(1) 总说明。
① 制定内部会计制度的目的、依据和适用范围。
② 企业会计核算的一般性规则。
③ 记账方法和记账本位币。
④ 会计档案的建立与保管。
(2) 会计机构和岗位责任。
① 会计机构的设置和各机构的权限范围。
② 会计岗位的分工和各岗位的责任制度。
③ 会计人员的配备标准和方法。
(3) 会计科目。
① 会计科目体系。
② 会计科目的分类、排列和编号。
③ 各会计科目的核算内容和使用说明。
(4) 会计凭证。
① 会计凭证的种类和格式。
② 取得或填制、审核、传递凭证的程序和规则。
③ 各种凭证的填制说明。
(5) 会计账簿。
① 会计账簿的种类。
② 各种会计账簿的格式。
③ 设置和登记账簿的程序和规则。
④ 会计账簿体系及其勾稽关系的说明。
(6) 会计核算组织程序。
(7) 定期结账工作。
① 会计期间的起讫日期。
② 结账的程序、规则和时间安排(用网络图表示)。
③ 结账前的账项调整内容。
④ 成本和损益账户的具体结账方法。
(8) 会计报表。
① 会计报表的种类和格式。
② 会计报表体系及其勾稽关系。
③ 编制会计报表的方法和要求。
(9) 货币资金业务处理程序和规则。
① 货币资金业务处理程序。
② 货币资金业务处理规则。
(10) 工资业务处理程序和规则。
① 工资业务处理程序。

② 工资业务处理规则。
(11) 固定资产业务处理程序和规则。
① 固定资产业务处理程序。
② 固定资产业务处理规则。
(12) 存货业务处理程序和规则。
① 存货业务处理程序。
② 存货业务处理规则。
(13) 采购和付款业务处理程序和规则。
① 采购和付款业务处理程序。
② 采购和付款业务处理规则。
(14) 成本计算业务处理程序和规则。
① 成本计算业务处理程序。
② 成本计算业务处理规则。
(15) 销售和收款业务处理程序和规则。
① 销售和收款业务处理程序。
② 销售和收款业务处理规则。
(16) 对外投资业务处理程序和规则。
① 对外投资业务处理程序。
② 对外投资业务处理规则。
(17) 筹资业务处理程序和规则。
① 筹资业务处理程序。
② 筹资业务处理规则。
(18) 电算化业务处理程序和规则。
① 电算化业务处理程序。
② 电算化业务处理规则。
(19) 附则。
① 制度的颁布及修订程序。
② 制度讲解权的归属。
③ 制度实施日期。
(20) 附录。各类经济业务的分录举例。

8. 政府会计制度改革的核心内容包括哪些方面？

政府会计制度改革的核心内容是构建"财务会计和预算会计适度分离并相互衔接"的会计核算模式。

所谓"适度分离"，是指适度分离政府预算会计和财务会计功能、决算报告和财务报告功能，全面反映政府会计主体的预算执行信息和财务信息。主要体现在以下四个方面：一是"双功能"，在同一会计核算系统中实现财务会计和预算会计双重功能，通过资产、负债、净资产、收入、费用五个要素进行财务会计核算，通过预算收入、预算支出和预算结余三个要素进行预算会计核算；二是"双基础"，财务会计采用权责发生制，预算会计采用收付实现制；三是"双分录",财务会计分录和预算会计分录;四是"双报告",通过财务会计核算形成财务报告,通过预算会计核算形成决算报告。

所谓"相互衔接",是指在同一会计核算系统中政府预算会计要素和相关财务会计要素相互协调,决算报告和财务报告相互补充,共同反映政府会计主体的预算执行信息和财务信息。主要体现在:一是对纳入部门预算管理的现金收支进行"平行记账"。对于纳入部门预算管理的现金收支业务,在进行财务会计核算的同时也应当进行预算会计核算。对于其他业务,仅需要进行财务会计核算。二是财务报表与预算会计报表之间存在勾稽关系。通过编制"本期预算结余与本期盈余差异调节表"并在附注中进行披露,反映单位财务会计和预算会计因核算基础和核算范围不同所产生的本年盈余数(即本期收入与费用之间的差额)与本年预算结余数(本年预算收入与预算支出的差额)之间的差异,从而揭示财务会计和预算会计的内在联系。

第三章
会计科目设计

1. 简述会计科目设计的意义。
（1）会计科目是对会计核算内容具体分类的方法。
（2）会计科目是编制会计凭证的依据。
（3）会计科目是账户分类设置和账户格式设计的前提。
（4）会计科目的设计为会计报表的设计奠定了基础。
（5）会计科目的设计是审查稽核的基础准备。

2. 简述会计科目设计的原则。
（1）根据会计主体的特点和资金运动规律来设计。
（2）要满足经营管理的需要。
（3）要严格遵守科目的外延性和互斥性。
（4）要合理进行总括分类和明细分类。
（5）要符合会计电算化的需要。

3. 会计科目设计中应注意哪些问题？
（1）会计科目名称，应简明易懂，字数不宜过长，能适合显示科目的性质或功能，并尽量采用已被一般公认的名称，要具有科学性，应和内容一致。
（2）会计科目应按照流动性、变现性或重要性为顺序进行排列，以适合编制各种报表。
（3）会计科目应有大小类别及层级隶属，以便控制及编制不同用途会计报表。
（4）科目顺序确定以后，应给予系统的编号，以确定其位置，便于会计核算工作。科目编号须具弹性，以适应业务变动时增删之用。
（5）对每一个会计科目的性质、内容及影响因素，应有简单、明白、确切的说明。
（6）会计科目说明资本性支出、存货支出及费用支出时，应有明确的划分。
（7）定期检查修正会计科目表，以适应业务需要。

4. 会计科目使用说明书应包括哪些内容？
会计科目的使用说明书是对会计科目的核算内容，明细科目的设置，根据科目开设的账户用途及账户结构的特点，会计科目的主要经济事项及账务处理等所作的说明。会计科目使用说明是使用者使用会计科目的标准，也是检验会计科目设计是否成功的尺度。

5. 举例说明总账科目的设计。
（1）资产类会计科目的设计。

(2) 负债类会计科目的设计。
(3) 所有者权益类会计科目的设计。
(4) 成本类会计科目的设计。
(5) 损益类会计科目的设计。

6. 会计科目编号如何设计？你认为哪种编号方法最实用？

会计科目编号是利用数字、文字和其他特定的符号等作为工具，按一定的方式，组成一定形式的编码，作为科目的符号，以利于对会计科目的记忆和使用。目前，国内外编号的方法主要有数字符号法、文字符号法、混合法等。

(1) 数字符号法，即用一定数字编列会计科目号数的方法。它又可以分为三种方法：顺序编号法、数字分组法、十进位数字编号法。

(2) 文字符号法，即用一个字母或一系列字母作为会计科目及类别的标记。其编号方法有两种：普通文字法、记忆法。

(3) 混合法是将数字符号法及文字符号法加以合并，来表示会计科目的编号方法。其构成可按分组符号法或十进位法处理。

7. 会计科目表的设计有哪些方法？会计科目使用说明包括哪些内容？

采用什么方法设计会计科目，主要取决于会计科目的适用范围、设计目标和会计主体的现状。会计科目设计的基本方法主要有以下三种。

(1) 借鉴设计法（参照设计法）。此方法适用于为新成立的单位设计会计科目。

(2) 归纳合并法。此方法适用于为合并或兼并的单位设计会计科目。

(3) 补充修订法。此方法主要适用于对现行会计科目的修订和补充，通常在经济业务有新的变化或经营管理有新的要求情况下使用。

第四章
会计凭证设计

1. 何谓会计凭证？会计凭证的作用有哪些？

会计凭证，是记录经济业务，明确经济责任，作为记账根据的书面证明。它是在法律上具有证明效力的书面文件。

会计凭证的两个主要作用如下。

（1）可以如实记录经济业务的实际情况。任何一项经济业务的发生都要由有关人员根据经济业务的实际内容制成会计凭证，并经过审核后才能作为记账的依据。

（2）监督检查的依据。任何一张会计凭证都有要载明经济业务的具体内容，都有经手人、制证人、审核人的签章，这就可以反映出其凭证的传递程序和所经过的部门或个人所作的处理情况，由此，就为监督、检查工作提供了依据，也为对各个控制环节的考核提供方便。

2. 简述会计凭证设计的原则。

（1）要有利于提供完整、详细的第一手资料。

（2）要有利于进行各种核算、分析、检查，有利于加强企业的经济核算。

（3）要适应内部会计控制的需要，要充分发挥会计凭证是控制手段的作用，如多设核对点等（凭证存根、连续编号、多联复写等），使凭证设计遵守统一性，做到规范化。

（4）要遵守相对稳定的原则，对已选用的原始凭证和记账凭证不要轻易改动。

3. 原始凭证分类的目的是什么？

原始凭证，是在经济业务发生时直接取得或填制的凭证，用来作为证明会计事项的经过和作为编制记账凭证的依据。不同类型的原始凭证，包含的具体内容是不尽相同的。为此，作为证明经济业务发生和完成情况、明确经济责任的依据，原始凭证不仅要满足会计核算的要求，同时还要满足计划、统计以及其他管理方面的需要，要根据具体实际需要而增设一些内容，我们就需要对原始凭证进行合理的分类，以便更好地利用原始凭证。

4. 原始凭证的基本内容有哪些？

一般说来，任何一张原始凭证均应该具备反映经济业务内容和执行责任两方面的要素。应具备的反映经济业务内容方面的要素有：原始凭证的名称；接受凭证单位的名称或个人姓名；填制凭证的日期（一般与业务执行日期一致）；经济业务的内容（业务名称性质等）；经济业务的各种计量（数量、单价和金额）等。应具备的表示业务执行责任的要素有：填制单位的公章（对内凭证例外）；编制审核凭证的有关经手人和部门负责人签章；凭证编号；凭证应有的附件（应附的证明业务发生的有关附件，包括需经审批的批准手续等）。

5. 制造业、商品流通企业常用的原始凭证有哪些?

主要有购货发票、代垫运杂费清单、收料单、领料单、限额领料单、发料(发现商品)凭证汇总表、材料(商品)退库单、材料(商品)盘存单、材料(商品)盘盈盘亏报告单、内部缴款单、差旅费报销单、材料费用分配表、外购动力费用分配表、工资费用分配表、固定资产折旧分配表、辅助生产费用分配表、制造费用分配表、产品成本计算单、产品(商品)入库单、代垫运费清单、交付使用资产明细表、购入固定资产交接验收单、固定资产报废申请单等。

6. 记账凭证的基本内容有哪些?

各种类型的记账凭证,其内容简繁不同,但其基本内容应包括:记账凭证的种类及名称;编制的日期;经济业务简要说明;会计科目及编号;记账金额和方向;凭证编号;所附原始凭证件数;填制、审核、记账、主管等人员签章,以及备注等。

7. 如何确定单位所使用的记账凭证的种类?

确定一个单位所使用的记账凭证的种类,应注意结合被设计单位的经济活动情况、会计核算情况以及各种可供选择的记账凭证种类的优缺点、适用范围等综合因素加以考虑。一般来说,规模不大、经济业务量较小、核算力量较弱、核算形式较简单的单位,采用一种制复式通用的记账凭证较合适;规模较大、经济业务多、核算力量强、分工较细、常需汇总记账凭证的企业,宜采用多种制的记账凭证。除此之外,记账凭证种类的确定,还要注意单位有无外币业务,记账凭证有无特殊用途等情况。单位有外币业务的情况下应考虑设计外币记账凭证,某些记账凭证除一般用途外还有其他用途的,应考虑设计套写记账凭证。记账凭证需要汇总后登记总账的单位,还要考虑设计汇总记账凭证的种类。

第五章
会计账簿设计

1. 简述会计账簿及其种类及作用。

会计账簿是由许多具有一定格式的账页组成,用来序时地、分类地记录各项经济业务的簿籍。

会计账簿的种类如下:

(1) 会计账簿按其用途不同,可分为序时账簿、分类账簿、联合账簿和备查账簿等四种。

(2) 会计账簿按其组成方式不同,又可以分为订本式账簿、活页式账簿和卡片式账簿等三种。

会计账簿作用:会计账簿能够全面、系统、连续地反映经济活动情况,既可以提供序时的历史资料,又可以提供总括的明细核算指标;会计账簿为实行控制、考核经济责任提供了依据;为编制会计报表提供了必要的资料。

2. 说明一般纳税人需要设计哪些账簿。

现金、银行存款日记账、固定资产、材料、应收(付)账款、其他应收应付款、长(短)期投资、实收资本、生产成本、费用等明细账;总账(购货簿、销货簿)等。

3. 简述日记账的种类及作用。

日记账的主要种类有以下六类。

(1) 转账日记账,一般是序时记录现金和银行存款以外的其他全部业务的账簿,并据此逐笔登记过入总账。

(2) 货币资金日记账,是序时记录全部货币资金收付业务的账簿,并据此汇总记入总账,该日记账应由出纳人员处理。

(3) 现金日记账,是序时记录全部现金收付业务的账簿,借以详细了解现金收付情况,并通过余额与库存现金核对。

(4) 银行存款日记账,是序时记录全部银行存款收付业务的账簿,借以详细了解银行存款收付情况,并通过余额与银行对账单核对。

(5) 购货日记账,是转账日记账的一种。它是指序时记录全部购买的材料、商品等物资的账簿。

(6) 销货日记账,是转账日记账的一种。它是指序时记录全部销售业务的账簿。

日记账的主要作用是按时间顺序记录发生的经济业务,以保证会计资料的秩序性和完整性。

4. 什么是分类账?如何根据单位经济业务的具体情况设计不同格式的分类账?

分类账簿是对经济业务按一定的类别分别设立账户,并进行登记的账簿。它可以根据单位管理的需要分门别类地提供各种经济信息。

各单位设计的分类账应能定期总括反映本单位各类经济业务；能为编制会计报表提供综合数据；能为加强企业经营管理提供对于决策有用的会计信息；能控制所属明细分类账簿；能保证企业资产的安全性与完整性；能为会计信息的试算平衡、检验提供依据。

5. 单位选择日记账的条件是什么？

选择的条件是：如果是新建单位，应首先考虑其全部经济业务的内容，分析要由几种日记账簿去进行序时反映；如果是老单位，就考虑已经有的或可能有的会计事项种类的多少。同时，还要根据单位所采用的会计核算程序进行选择。目前很多企业只设现金和银行存款日记账簿。在选择日记账簿种类时，应注意是否因账簿设计不全而造成漏记或应该得到序时、详细反映的信息而得不到，也要注意日记账是否设计过多、过繁和明细账簿是否有重复。

6. 什么是备查账？它主要反映哪些事项？

备查账是对某些在日记账和分类账等主要账簿中记载不全的经济业务进行补充登记的账簿。其特点是：它与有关明细账有勾稽关系但不受总账统制；在账务处理上比较灵活，不受会计期间结算工作的严格限制。备查账的特点决定了它没有固定的格式，而是要根据实际需要去灵活确定。

备查账反映的主要事项有以下五项。

（1）代保管的财产物资。

（2）发出财产物资。

（3）大宗、贵重物资。

（4）重要的空白凭证、经济合同执行记录、贷款还款情况记录等。

（5）其他不便在日记账和分类账中反映的事项。

7. 根据会计制度的要求，按照多栏式明细账设计的要点，设计管理费用、主营业务收入明细账页各一张。

管理费用明细账

第　页

年		凭证		摘　要	借方(项目)					借或贷	余　额
月	日	字	号		合计						

主营业务收入明细账

第　页

年		凭证		摘　要	贷方(项目)					借或贷	余　额
月	日	字	号		合计						

8. 按照备查账设计要求，设计委托代销商品登记簿、租入固定资产登记簿（固定资产登记簿按类别设计）。

委托代销商品登记簿

受托单位：　　　　　　　　　　　　　　　　　　　　　　　　　　　　　　　　　　第　页

年		凭证编号	发　出　商　品						销货款		手续费	备注
月	日		商品名称	单位	数量	单位成本	总成本	运费	应收	已收		

租入固定资产登记簿

资产类别：　　　　　　　　　　　　　　　　　　　　　　　　　　　　　　　　　　　第　页

资产名称	规格	合同号	租出单位	租入日期	租期	租金	使用地点	备注

第六章
财务会计报告设计

1. 简述企业财务会计报告及其作用。

财务会计报告是企业对外提供的反映企业某一特定日期财务状况和某一会计期间经营成果、现金流量的文件,它包括会计报表、会计报表附注、财务情况说明书。其作用是:

(1) 为企业的投资者进行投资决策提供必要的财务、会计信息。

(2) 为企业的债权人进行信贷决策等提供必要的财务、会计信息。

(3) 为企业的经营管理者和职工进行经营决策、加强日常管理活动等提供必要的财务、会计信息。

(4) 为税务部门、工商行政管理部门、证券监督管理部门、外部审计机构和社会公众实施管理、加强检查与监督等提供必要的财务、会计信息。

2. 企业财务会计报告编制程序有哪些?

财务会计报告编制程序是指在本期发生的各项经济业务登记入账的基础上,从期末账项调整开始到财务会计报告编出的工作步骤。一般应经过会计年度与经营期间的确定、期末账项调整、结账与对账程序控制、编制工作底稿、编制会计报表和附注、撰写财务情况说明书等步骤。

3. 什么是工作底稿?其作用是什么?

工作底稿也称"工作底表",是将一定期间发生的经济业务通过调整、试算、分析汇集在一起的表式。

编制工作底稿虽然不是会计循环中一个必不可少的环节,也不是正式的会计分录,但它作为账项调整、结账和编制会计报表的辅助工具,具有以下作用。

(1) 账项调整、结账时可以先在工作底稿上进行,之后再正式登账,可以减少记账差错。

(2) 可根据工作底稿直接编制会计报表,而不必先进行账户的调整和结算,因而大大缩短了编制会计报表前的资料整理准备时间,从而加快了会计报表的编制进程。

(3) 工作底稿集中了期末的主要会计资料,因而便于集中了解企业的财务状况和经营成果。

4. 企业对外报表有哪些?各自的作用是什么?

会计报表是财务报告的核心内容,其种类、格式及编制要求,一般在会计准则和会计制度中都有具体的规定。对外报送报表主要有资产负债表、利润表、现金流量表和所有者权益变动表。

资产负债表是反映单位在某一特定日期财务状况的报表。资产负债表的主要作用是说明单位所拥有的各种资源及其分布与结构和偿还债务的能力；反映单位所负担的债务数量、债务结构及偿还期限的长短；反映单位的投资者对本单位资产所持有的权益；客观表现了单位财务状况的发展趋势。

利润表是反映单位在一定时期(月份、季度、年度)的经营成果的会计报表。利润是收入与费用配比的结果。根据利润表所提供的信息，可以评价一个单位的经营管理效率和成果，分析单位未来的经营状况、获利能力及潜力，了解单位未来一定时期内的盈利趋势。

现金流量表是综合反映企业一定会计期间内经营活动、投资活动和筹资活动产生的现金流入与流出情况的报表。现金流量表可以帮助会计信息使用者正确评价企业的经营成果，评价企业外部融资的程度，正确分析企业的偿债能力、支付股利或利润的能力、企业净收益与经营活动现金净流量的差额及其原因，了解企业期初现金与期末现金的差异变动原因，了解企业与现金收付无关但对企业有重要影响的投资及筹资活动的情况。

所有者权益变动表，是指反映构成所有者权益各组成部分当期增减变动情况的报表。当期损益、直接计入所有者权益的利得和损失，以及与所有者的资本交易导致的所有者权益的变动，应当分别列示。所有者权益变动表可以为信息使用者提供下列信息：(1)净利润；(2)直接计入所有者权益的利得和损失项目及其总额；(3)会计政策变更和差错更正的累积影响金额；(4)所有者投入资本和向所有者分配利润等；(5)提取的盈余公积；(6)实收资本或股本、资本公积、盈余公积、未分配利润的期初和期末余额及其调节情况。

5. 如何编写一般企业会计报表附注？

会计报表附注是指在会计报表后以附注的形式对重要项目及会计处理方法的变化所进行的说明，以帮助阅表者能正确理解会计报表的内容而又不影响报表主体的明晰性。

企业的年度会计报表附注至少应披露如下内容(法律、行政法规和国家统一的会计制度另有规定的，从其规定)：企业的基本情况、财务报表的编制基础、遵循企业会计准则的声明、重要会计政策和会计估计、会计政策和会计估计变更以及差错更正的说明、报表重要项目的说明、或有事项、资产负债表日后事项、关联方关系及其交易。

6. 销售费用明细表与制造费用明细表有何不同？为什么？

销售费用在实际发生时，每一种费用又包括许多具体项目，但是在利润表中却仅以三个项目分别汇总列示。为了方便企业管理者分析期间费用的构成和增减变动情况及其对利润的影响，考核预算的执行情况，以便进一步采取措施以节约费用、提高效益，销售费用明细表一般采取与上年计划、上年实际对比的方式设计栏目。

制造费用明细表是反映企业年度内发生的制造费用总额和各费用项目明细情况的报表。可以分车间按年编制，反映年度制造费用的实际发生额，也可以按月进行编制。编制该表是为了分析制造费用的构成及增减变动情况，考核制造费用预算的执行结果，以便加强管理，降低开支。制造费用明细表一般采取与上年同期、与全年计划对比的方式设计栏目。

7. 试设计材料耗用量月报表一张,要求:(1)表首能反映材料名称、报表所属时间、数量单位;(2)表内能反映日期,每日实际用量、标准用量、差异数,本月累计实际用量、标准用量、差异数,本年累计实际用量、标准用量、差异数、差异率。

材料耗用量月报表

材料名称: 　　　　　　　　　　　年　　月　　　　　　　　计量单位:

年		日消耗量			月消耗量			年消耗量			
月	日	实际用量	标准用量	差异数	实际用量	标准用量	差异数	实际用量	标准用量	差异数	差异率

8. 简述现金流量表的格式和结构。

现金流量表的格式按编制方法不同,可分为直接法格式和间接法格式。直接法格式一般分为如下六个部分。

(1) 经营活动产生的现金流量。
(2) 投资活动产生的现金流量。
(3) 筹资活动产生的现金流量。
(4) 汇率变动对现金的影响。
(5) 现金及现金等价物净增加额。
(6) 期末现金及现金等价物余额。

每个部分的结构是根据"现金流入－现金流出＝现金流量净额"的公式设计的。间接法格式一般是以本期净利润或净亏损为起点,调整不涉及现金的收入与费用和营业外收支以及与经营活动有关的流动资产和流动负债增减变动,以获得经营活动产生的现金流量净额。至于投资活动、筹资活动产生的现金流量与直接法格式和结构以及计算方法是一样的,最终的结果即现金的期末余额也是相等的。我国的《企业会计准则——现金流量表》和企业会计制度所附的格式就是采用以直接法为主、间接法为补充的方法设计的。

9. 一般企业会计报表附注重要项目说明应包括哪些主要内容?

企业对报表重要项目的说明,应当按照资产负债表、利润表、现金流量表、所有者权益变动表及其项目列示的顺序,采用文字和数字描述相结合的方式进行披露。报表重要项目的明细金额合计,应当与报表项目金额相衔接。报表重要项目主要包括交易性金融资产、应收款项、存货、其他流动资产、可供出售金融资产、持有至到期投资、长期股权投资、投资性房地产、固定资产、油气资产、无形资产、商誉的形成来源及账面价值的增减变动情况、递延所得税资产和递延所得税负债、资产减值准备、所有者权益受到收益限制的原因、交易性金融负债、职工薪酬、应交税费、短期借款和长期借款、应付债券、长期应付款、营业收入、公允价值变动收益、资产减值损失、营业外收支、所得税费用、取得政府补助的种类及金额、每股收益、股份支付、债务重组、借款费用、外币折算、企业合并、租赁、终止经营、分部报告等内容。

10. 什么是合并报表？合并报表附注包括的主要内容有哪些？

合并报表附注主要包括下列内容。

（1）企业集团的基本情况。

（2）财务报表的编制基础。

（3）遵循企业会计准则的声明。

（4）重要会计政策和会计估计。

（5）会计政策和会计估计变更以及差错更正的说明。

（6）报表重要项目的说明。

（7）或有事项。

（8）资产负债表日后事项。

（9）关联方关系及其交易。

（10）风险管理。

（11）母公司和子公司信息。

企业集团合并会计报表是反映企业集团一定时期的经营成果、现金流量和一定时点的财务状况的报表，包括合并资产负债表、合并利润表、合并现金流量表和合并所有者权益变动表。合并会计报表没有改变原报表的结构，因此其格式不需要重新设计；同时合并会计报表又不同于汇总报表，它要使用冲销手段，也就是对关联方交易要进行抵销。

11. 对内管理报表的特点是什么？

企业内部管理报表是为了满足内部生产经营或预算管理的需要而编制的供企业内部管理人员使用的报表。其具有以下四个特点。

（1）内部管理报表的内容、格式灵活。

（2）内部管理报表提供的指标灵活。

（3）内部管理报表的报告时间具有机动性。

（4）内部管理报表报告的对象是企业的管理人员。

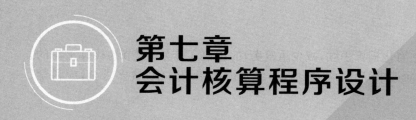

第七章
会计核算程序设计

1. 会计核算程序在会计工作运行中有何重要意义？

会计核算程序又称会计账务处理程序或会计核算组织形式，它的内容包括会计凭证、会计账簿、记账程序和记账方法。这是在会计核算中，以账簿体系为中心，把会计凭证、会计账簿、会计报表、记账程序和记账方法有机地结合起来的技术组织方式。其意义有三项。

（1）有利于会计核算工作程序的规范化，保证会计信息的质量。只有合理地确定了会计凭证、会计账簿、会计报表之间的结合方式，才能保证会计信息处理的系统性、完整性、全面性和及时性。

（2）有利于保证会计信息的可靠性，提高会计信息的可信度。通过会计凭证、会计账簿、会计报表相互之间的联系和制约，可保证会计信息的可靠性和可信度。

（3）有利于减少不必要的会计核算环节，提高会计核算工作效率。通过科学、合理地确定特定企业的会计核算组织程序，可以使其核算组织程序井然有序，减少不必要的会计凭证、账簿的传递环节和核算手续，从而提高会计工作效率。

2. 会计核算程序设计应考虑哪些要求？为什么？

各单位应根据其经营性质、企业规模、业务量及管理要求等的不同，选择适当的会计凭证、会计账簿、记账程序和记账方法，并将它们有机地结合起来。无论采用哪种会计核算程序均应满足以下要求。

（1）要保证能正确、及时、完整地提供会计信息使用者所需要的会计信息。设计本单位的会计核算程序时，应认真研究会计信息使用者的具体要求，以便通过会计核算，能正确、及时地提供出这些核算资料。

（2）根据国家的有关规定，结合本单位的特点设计，与本单位实际情况相适应。设计会计核算程序，必须以国家公布的会计准则为指导，并符合相关会计制度的要求。同时还要紧密结合单位的实际情况，这样才能使所设计的会计核算程序最适合本单位。

（3）要将内部控制制度融于其中，有利于加强内部控制和稽核。可以通过凭证、账簿的种类、格式的选择及组织，从账证、账账、账实的相互联系中贯彻内部牵制和加强稽核手段的渗透，保证会计工作的真实、正确。

（4）使会计核算程序所涉及的各项内容达到有机结合，协调一致。会计核算程序是由各个部分组合起来的，记账程序和记账方法对会计凭证和会计账簿有影响。因此，设计时要注意将它们连接好、协调好，形成一个完整的、适合单位实际需要的有机整体，这样才能保证会计工作的正常运作。

（5）要在保证及时提供正确、完整的会计信息的前提下，尽可能提高会计工作效率，节约费用。设计会计核算程序时，一方面要考虑如实反映经济活动情况，及时提供正确、完整的会计信息;另一方面要注意简化核算手续,减少重复劳动,提高工作效率,节约核算工作的人力、物力、财力。既不能片面追求简化而不顾质量,又不能搞繁琐哲学,贪多求全,应科学地组织核算工作。

3. 试述记账凭证核算程序下凭证、账簿应如何设计？其记账程序应如何设计？为何说该核算程序是最基本的核算程序？

记账凭证核算程序是根据收款凭证、付款凭证和转账凭证,直接登记各明细分类账、现金日记账、银行存款日记账和总分类账。

在记账凭证核算程序下,记账凭证可以采用通用格式的记账凭证,也可以采用收款凭证、付款凭证、转账凭证三种格式的记账凭证。

账簿的组织,一般应设置三栏式总账、三栏式现金日记账、三栏式银行存款日记账,明细分类账则可根据管理的需要设置,分别选用三栏式明细账、数量金额式明细账、多栏式明细账和横线登记式明细账。

记账核算程序设计如下。

(1) 根据原始凭证或原始凭证汇总表,按经济业务的不同性质,分别编制收款凭证、付款凭证、转账凭证。

(2) 根据收款凭证、付款凭证,逐日逐笔登记现金日记账和银行存款日记账。

(3) 根据各种记账凭证及所附的原始凭证或原始凭证汇总表,登记各种明细账。

(4) 根据各种记账凭证逐笔登记总分类账。

(5) 月末,现金日记账、银行存款日记账、各明细分类账的余额,分别与总分类账中有关账户的余额核对相符。

(6) 月末,根据总分类账、明细分类账的记录编制会计报表。

记账凭证核算程序是最基本的核算程序,其他各种核算程序,均是在这一核算程序的基础上发展和完善起来的,其目的是为了均衡会计核算期间的工作量,简化核算手续,提高核算效率。

4. 试述科目汇总表核算程序下凭证、账簿应如何设计？其记账程序应如何设计？

科目汇总表核算程序又称记账凭证汇总表核算程序。它是根据收款凭证、付款凭证、转账凭证定期编制科目汇总表,然后根据科目汇总表登记总分类账。

在科目汇总表核算程序下,记账凭证可以采用收款凭证、付款凭证、转账凭证三种格式的记账凭证,也可采用单式记账凭证。为了定期对记账凭证进行汇总,还应设科目汇总表。

账簿的组织,一般应设置三栏式总账、三栏式现金日记账和银行存款日记账,明细分类账则可根据管理的需要设置,分别选用三栏式明细账、数量金额式明细账、多栏式明细账和横线登记式明细账。

在科目汇总表核算程序下,也可采用以科目汇总表代替总账的方法。如采用此法,科目汇总表中,应增设"期初余额""累计借方发生额""累计贷方发生额"和"期末余额"栏目。

科目汇总表核算程序设计如下。

(1) 据原始凭证或原始凭证汇总表,按经济业务的不同性质,分别编制收款凭证、付款凭证、转账凭证。

（2）根据收款凭证、付款凭证，逐日逐笔登记现金日记账和银行存款日记账。

（3）根据各种记账凭证和有关的原始凭证或原始凭证汇总表，登记各种明细分类账。

（4）根据收款凭证、付款凭证、转账凭证定期编制"科目汇总表"。

（5）根据"科目汇总表"定期登记总分类账。

（6）月末，现金日记账、银行存款日记账、各明细分类账的余额，分别与总分类账中有关账户的余额核对相符。

（7）月末，根据总分类账、明细分类账的记录编制会计报表。

5. 试述汇总记账凭证核算程序下凭证、账簿应如何设计？其记账程序应如何设计？

汇总记账凭证核算程序是根据收款凭证、付款凭证、转账凭证按照科目的对应关系定期进行汇总，编制汇总记账凭证，月终，根据汇总记账凭证登记总分类账。

在汇总记账凭证核算程序下，记账凭证应采用收款凭证、付款凭证和转账凭证。为了定期对记账凭证进行汇总，还应设置汇总收款凭证、汇总付款凭证、汇总转账凭证。

账簿的组织，一般应设置三栏式总账，为了反映科目对应关系，在格式中应设对方科目专栏；三栏式现金日记账和银行存款日记账；明细分类账则可根据管理的需要设置，分别采用三栏式明细账、数量金额式明细账、多栏式明细账和横线登记式明细账。

汇总记账凭证核算程序设计如下。

（1）根据原始凭证或原始凭证汇总表，按经济业务的不同，编制收款凭证、付款凭证、转账凭证。

（2）根据收款凭证、付款凭证，逐日逐笔登记现金日记账和银行存款日记账。

（3）根据各种记账凭证和有关的原始凭证或原始凭证汇总表，登记各种明细分类账。

（4）根据收款凭证、付款凭证、转账凭证定期编制"汇总收款凭证""汇总付款凭证""汇总转账凭证"。

（5）月终，根据各"汇总记账凭证"登记总分类账。

（6）月末，现金日记账、银行存款日记账、各明细分类账的余额，分别与总分类账中有关账户的余额核对相符。

（7）月末，根据总分类账、明细分类账的记录编制会计报表。

6. 试设计一种适合收、付款业务较多，转账业务较少的单位使用的核算程序。

在实际工作中，如收付款业务较多的单位，日记账采用多栏式账簿，平时根据收款、付款凭证登记多栏式现金、银行存款日记账；月终，根据多栏式现金、银行存款日记账各栏合计数登记总账；转账业务较少，可直接根据转账凭证逐笔登记总账，这又产生了一种核算程序，人们称之为多栏式日记账核算程序。

7. 企业应如何选择会计核算程序？

针对企业规模和业务量方面的差异，中小型企业可选记账凭证账务处理程序；而大中型企业就可以选择汇总记账凭证、科目汇总表或多栏式日记账账务处理程序；特大型企业则一般采用科目汇总表账务处理程序。针对业务种类繁简方面的差异，像银行业务比较单一，要求时效性，可以原始凭证代替记账凭证，直接依据科目日结单登记总账；在一般企业中，业务单一的企业可以通过汇总记账凭证进行账务处理；在业务较繁杂的企业中，可以采用科目汇总表形式进行账务处理。针对会计机构设置与人员分工方面的差异，在机构较小的企业，财务人员较少，就可采用记账凭证账务处理程序；在大型企业中，财务人员较多，分工较细，一般采用汇总记账凭证或科目汇总表账务处理程序。

　　企业选择了一种账务处理程序后，还需要结合本企业的具体情况作进一步分析，找出其与实际业务的不协调之处，进行补充和修改，甚至创新，形成比较完善的、高效的、符合本企业实际情况的账务处理程序。

第八章 成本核算制度设计

1. 设计成本核算制度对组织企业的成本核算有何重要意义？

成本核算制度设计，就是针对生产制造过程所发生的生产耗费，设计出一套比较完整的成本核算制度和管理制度，从而保证企业产品成本信息的真实、完整，以及将成本发生额控制在目标限额之内，帮助管理者及有关利益方面更好地进行生产经营决策和管理业绩评价。其意义可表现为以下四点。

（1）通过成本核算制度的设计和实施，可保证国家有关财经法规、制度的贯彻落实。

（2）设计科学合理的成本核算制度，可提高企业成本核算的质量，为会计信息的使用者及时提供真实、可靠的成本核算资料，为企业管理者进行经营预测、决策服务。

（3）设计科学合理的成本核算制度，有利于加强企业成本控制和管理，降低成本费用，提高经济效益。

（4）通过设计的成本核算制度的实施，可规范企业的成本核算方法和程序，并保持其相对稳定，提高成本核算资料的有用性。

2. 设计成本核算制度和成本管理控制制度应遵循哪些要求？为什么？

成本核算制度设计的要求如下。

（1）要以国家有关成本计算和管理的规定为依据设计。

（2）要适应企业的生产经营特点。

（3）要保证各项成本管理职能得以充分发挥。

（4）要考虑贯彻内部控制原则。

（5）要有利于正确计算成本和简化核算手续。

成本管理控制制度设计的要求如下。

（1）成本管理体制控制设计要求是指要合理划分成本管理机构及其职权。

（2）成本管理工作控制制度设计要求，主要工作包括预测、计划、控制、核算、分析和考核等工作。

设计成本核算制度，一方面通过成本核算所提供的实际成本资料，为企业的存货计价、定价决策和计算盈亏提供重要依据；另一方面将成本核算所提供的实际成本资料与计划成本资料比较，就可以分析成本计划完成的情况，并对有关责任中心进行考核，同时为未来的成本预测和决策提供资料，以及为编制下期成本计划提供重要参考。设计成本管理控制制度，可以发挥各职能的作用，使企业的内部控制制度得以实施。

3. 试述工业企业成本开支的范围。制定成本开支范围对企业成本核算与管理有何意义？

成本开支范围是指应计入产品成本的内容。各企业在进行成本核算之前，应根据国家的有关规定，制定出本企业的成本开支范围，明确规定哪些费用可以计入成本，哪些费用不得计入成本。

成本开支范围主要包括直接材料、直接人工、制造费用。但在不同的行业，因生产、业务特点不同，管理方式与要求不同，在内容上也存在一定差异。下面以工业企业为例说明产品成本开支范围包括的内容。

（1）产品生产过程中发生的直接材料费，包括原料及主要材料、辅助材料、备品配件、外购半成品、燃料和动力、包装物等。

（2）直接从事产品生产人员的工资、奖金、津贴和补贴、职工福利费、"五险一金"等。

（3）为产品生产而发生的其他直接费用，如直接从事产品生产人员的职工福利费等。

（4）各生产单位（分厂或车间）为组织和管理本生产单位的生产活动而发生的管理人员的工资、奖金、津贴、补贴、职工福利费和"五险一金"等。

（5）各生产单位发生的固定资产折旧费、固定资产修理费、固定资产经营性的租赁费、原油储量有偿使用费、油田维修费、矿山维修费。

（6）各生产单位为组织、管理生产而发生的机物料消耗、低值易耗品摊销、取暖费、水电费、差旅费、办公费、运输费、设计制图费、试验检验费、劳动保护费以及其他间接制造费用。

（7）各生产单位发生如保险费、废品损失、季节性、修理期间的停工损失等按规定可计入产品成本的费用。

制定成本开支范围对企业成本核算与管理有重要意义。它针对生产制造过程所发生的生产耗费计算产品的成本，可以保证企业产品成本信息的真实、完整，以及成本发生控制在目标限额之内，帮助管理者及有关利益方面更好地进行生产经营决策和管理业绩评价。

4. 工业企业有关成本核算的原始记录主要有哪些？原始记录主要应设计哪些内容？

原始记录是直接反映生产经营活动的原始资料，是计算产品成本的基础。原始记录主要包括原材料、燃料、工具领用、工时消耗、生产设备运转、零部件和半成品内部转移、废品发生、各种费用支出、产品的质量检验、产成品入库与发出，以及财产物资的盘盈盘亏等记录。

原始记录在内容上应设置经济活动的时间、内容、计量单位、数量、填制人及负责人签章等项目、栏次。

5. 何为成本计算对象？为什么设计企业成本计算对象必须根据企业的生产特点和管理要求进行？

成本计算对象就是确定成本计算过程中以什么为中心来归集生产费用，即确定谁是这些费用的承担者。

成本计算对象的确定，取决于企业的生产特点和成本管理的要求。生产特点是指企业的生产工艺特点和生产组织特点。按生产工艺特点来分类，企业的生产可分为单步骤生产和多步骤生产。企业的生产按生产组织的特点来分类，可分为大量生产、成批生产和单件生产。成本管理要求是指对提供成本指标的要求，成本指标有产成品成本和半成品成本。任何一个企业的成本核算都必须提供产成品成本指标，而半成品成本是否提供，则视企业成本管理的要求而定。

6. 何为成本项目？一般工业企业包括哪些成本项目？如何结合企业的实际对成本项目进行增加或合并？

成本项目是指产品成本的构成要素，是根据成本管理的要求，对计入产品成本的生产费用按用途进行的分类。在工业企业中，一般将成本项目设计为"直接材料""直接人工"和"制造费用"三个项目。

企业可以根据以下三个方面的因素进行适当的合并或分解。

（1）设计成本项目时要考虑企业的具体情况和管理要求，如在多步骤连续式加工的企业，管理要求成本核算提供各步骤完工的半成品成本和各步骤发生的费用，可增设"自制半成品"成本项目。再如企业管理要求提供废品损失情况，可增设"废品损失"成本项目。

（2）设计成本项目时，要考虑各项费用在成本中所占比重，凡是在产品成本中占有较大比重的直接成本费用，应单独设置成本项目加以列示。如企业产品生产所需的外部协作加工较多，在成本中所占比重较大，可单独设置"外部加工费"成本项目。再如燃料和动力的耗费，如数额比重较大，可将其从直接材料成本项目中分离，增设"燃料和动力"成本项目，也可增设"燃料"与"动力"两个成本项目。

（3）设计成本项目时，要考虑分类的多少、粗细要适当。分类太粗，成本项目的设计起不到应有的作用；分类太细，会增大成本核算的工作量，影响成本核算的及时性，不能满足成本管理的需要。

7. 简述成本费用归集分配的一般程序。制定成本费用归集分配的程序有何意义？

工业企业成本费用归集和分配的一般程序应包括以下七个方面。

（1）审核原始凭证，根据审核无误的原始凭证和费用的受益对象，编制各项费用分配表。对于直接费用，记入生产成本（基本生产）总账和明细账；间接费用分别记入生产成本（辅助生产）、制造费用、废品损失等总账和明细账。

（2）将应由本期负担的费用额分配记入生产成本（辅助生产）、制造费用、废品损失等总账和明细账。

（3）编制辅助生产费用分配表，按所设计的分配方法将其分配至生产成本（基本生产）、制造费用、废品损失等总账与明细账。

（4）编制制造费用分配表，将制造费用分配记入生产成本、废品损失等总账和明细账。

（5）将不可修复废品成本由生产成本（基本生产）账户转至废品损失总账与明细账。

（6）编制废品损失分配表，将废品损失净额分配记入生产成本总账与明细账（基本生产的废品损失成本项目）。

（7）期末计算完工产品成本与在产品成本，将完工产品成本转至产成品总账和明细账。

成本费用核算的内容较多、进程较长，各环节的核算形式也较为繁杂，为了保证核算的正确性、规范性，企业应将这一过程按费用归集和分配的先后顺序，划分为基本的工作步骤并加以制度化，使成本核算更加客观，并具有可比性。

8. 工业企业基本的成本计算方法有哪几种？各有何特点？

现企业使用的成本计算方法很多，但基本方法只有品种法、分批法、分步法三种，其他方法均建立在这三种基本方法的基础上。

(1) 品种法。品种法是以所生产的产品品种为成本计算对象,归集生产费用,计算产品成本的一种方法。

品种法的主要特点是按产品品种开设成本计算单,以成本项目开设专栏;成本计算期与会计报告期一致,按月计算成本;单步骤生产企业月末无在产品,因此成本费用不必进行完工产品和在产品分配;但在多步骤生产企业月末一般存在在产品,如月末在产品数量较多,则存在完工产品与在产品之间成本费用的分配问题。

(2) 分批法。分批法是以所生产的产品批别为成本计算对象,归集生产费用计算产品成本的一种方法。

分批法的主要特点是以生产的产品的批别或件别作为成本计算对象,开设成本计算单;一般是在一批产品全部完工的月份才计算成本,所以,成本计算期与生产周期一致;由于一般情况下是在每批产品完工后才计算成本,因此一般不必在完工产品和在产品之间分配生产费用。但若一批产品跨月完工,那么成本费用就需在完工产品与在产品之间进行分配。

(3) 分步法。分步法是以所生产产品的生产步骤和品种为成本计算对象,归集生产费用,计算产品成本的一种方法。

分步法的主要特点是以各种产成品及其所经过的各生产步骤的半成品为成本计算对象,开设成本计算单;成本计算是定期(按月)进行,成本计算期与会计报告期相一致;月末需要在完工产品与在产品之间进行费用的分配。

9. 试述工业企业成本计算方法设计的步骤与方法。

企业设计成本计算方法的步骤是:首先根据企业自身生产特点和管理要求,结合各成本计算方法的特点,先选择某一种或几种基本成本计算方法为基础;然后再结合企业特点,对选定的成本计算方法进行补充、修订或创新设计,并以文字或程序图的方式加以反映、说明,以便于操作。

10. 试以图表的方式设计一般工业企业成本费用归集分配的程序。

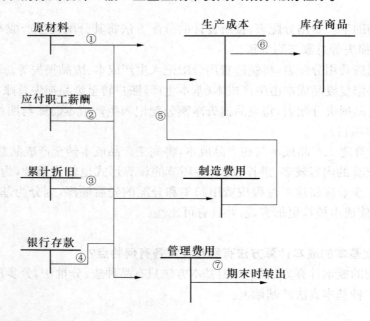

业务说明：
① 领用材料。
② 结算应付工资和提取福利费等。
③ 计提折旧。
④ 支付其他费用。
⑤ 归集的制造费用分配结转到生产成本账户。
⑥ 结转完工入库产品的制造成本。
⑦ 归集的管理费用期末时结转。

11. 试设计分批法成本计算程序。

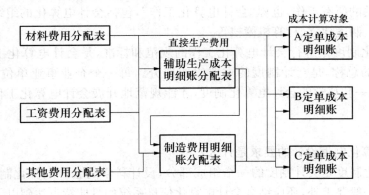

12. 简述标准成本的制定。

标准成本是指经过仔细调查分析和运用技术测定等科学方法制定的在有效经营条件下应该实现的成本，是根据产品的耗费标准和耗费的标准价格预先计算的一种目标成本。

产品成本一般由直接材料、直接人工和制造费用三大部分构成，标准成本的制定也应就这三大部分分别确定。

（1）直接材料标准成本的制定。直接材料标准成本需按两项标准确定：直接材料用量标准和直接材料标准价格。

直接材料标准成本＝直接材料用量标准×直接材料标准价格

（2）直接人工标准成本的制定。直接人工标准成本由两项标准确定：直接人工用量标准和直接人工标准价格。

单位工时标准工资率＝标准工资总额÷标准总工时

直接人工标准成本＝工时标准×标准工资率

（3）制造费用标准成本的制定。制造费用标准成本由制造费用用量标准和制造费用标准价格两个因素决定。

标准费用分配率＝标准制造费用总额÷标准总工时

制造费用标准成本＝工时标准×标准费用分配率

第九章
会计电算化制度设计

1. 什么是会计电算化及会计电算化制度？

会计电算化就是利用计算机进行记账、算账和报账，以及部分代替人工，完成对会计信息的核算、分析、预测和决策的过程。从广义上讲，会计电算化是指与会计工作中应用电子计算机技术有关的所有工作，也称"会计电算化工作"，包括会计电算化的组织、规划、实施、管理、人员培训、制度建立、计算机稽核等。

会计电算化制度是进行会计电算化工作的规范和标准，是会计电算化工作的规则、方法和作业流程的总称，是会计制度的重要组成部分。每一个企业事业单位实施会计电算化时，必须建立一套科学的会计电算化制度，才能规范地开展会计电算化工作，充分发挥会计的作用。

2. 会计电算化制度设计的要求是什么？

会计电算化制度是会计制度的一个组成部分，设计科学的会计电算化制度除应符合会计制度设计的一般要求外，还应结合会计电算化信息系统的具体特点达到以下要求。

（1）保证会计信息的安全可靠。这要求应设计详细的内部控制制度的操作管理制度，对各种意外事故有预防与补救措施，使提供的会计信息安全可靠。

（2）做到既满足单位使用又简便易行。在设计会计电算化制度时应从实际出发，结合单位管理的特点和需要，制定出适合本单位使用的会计电算化制度。

（3）兼顾会计电算化信息系统各子系统之间的关系，遵循系统性原则，使整个系统实施最优化。

（4）应满足财会人员易学易用、操作方便的要求。

3. 简述会计电算化系统内部控制制度设计的内容。

会计电算化信息系统内部控制制度是指为确保会计信息计算机处理结果的准确性、处理过程的一贯性和自动性、处理环境的稳定性和安全性而建立起来的对会计电算化系统的管理组织和应用过程进行相互牵制、相互联系的一系列具有控制职能的措施的规定的总称。会计电算化信息系统内部控制制度设计主要包括以下内容：管理控制、操作控制、系统开发控制、安全性控制等。

4. 简述会计软件各子系统日常处理的设计。

会计核算软件是一个将输入转换为输出的数据处理系统。它包括将经过审核的会计凭证输入计算机，根据记账凭证自动记账并生成报表数据，将机内账簿、报表等会计信息输出的三个运行阶段。同时，将会计数据安全性和会计软件可靠性的要求贯穿于系统运行的全过程。会计核算软件基本功能规范就是从这三个方面提出要求的。

（1）会计数据的输入。在手工条件下进行会计核算，有许多防止差错的措施，以保证会计数据的准确。同样，在电算化条件下也要防止差错的发生，这一方面要靠提高录入人员的责任心和加强审核工作；同时，要求软件具有足够的检验和防错功能，最大限度地发现错误并提供必要的修改手段。例如：软件应当对记账凭证编号的连续性进行控制，应当提供对已经输入但未登记的机内记账凭证进行修改、审核的功能；审核通过后即不能再提供对机内凭证的修改；应当利用借贷平衡的原理防止记账凭证金额的输入错误；应当拒绝收款凭证中借方科目不为现金或银行存款科目，等等。此外，发现已经输入并审核通过或者登记的记账凭证有错误时，可以红字凭证冲销法或者补充凭证法进行更正。会计核算软件提供的原始凭证输入项目应当齐全，主要项目有：填制凭证日期、填制凭证单位或填制人姓名、接受凭证单位名称、经济业务内容、数量、单价和金额等。

（2）会计数据的处理。会计电算化后，数据处理主要由计算机进行，对于内部数据处理的总要求是符合会计制度的规定。例如，通用会计核算软件应当同时提供国家统一会计制度允许使用的多种会计核算方法，以供用户选择；应当提供符合国家统一会计制度规定的自动编制会计报表的功能；应当提供会计报表的自定义功能，包括定义会计报表的格式、项目、各项目的数据来源、表内和表间的数据运算和核对关系等；应当提供机内会计数据按照规定的会计期间进行结算的功能，结算前会计核算软件应当自动检查本期输入的会计凭证是否全部登记入账；只有全部登记入账后才能结账，等等。

（3）会计数据的输出。查询和打印是两种主要输出功能，其中查询功能应当提供查询机内总分类会计科目和明细分类会计科目的名称、编号、年初余额、期初余额、累计发生额、本期发生额和余额等项目。打印输出功能应当提供按国家统一会计制度规定的格式和内容，打印原始凭证（部分）和记账凭证，打印会计账簿和会计报表等功能。

5. 简述会计电算化内部控制系统设计的总目标和子目标。

会计电算化内部控制系统的目标设计是指通过实施会计电算化内部控制系统而要求受控制的会计电算化系统应达到的效果与目标。

会计电算化内部控制设计的总目标是：保证会计电算化系统的可控、合法、可靠和高效率运行，最大限度地保护电算系统下信息和资产的完整，保证财务记录、会计报表等管理信息的准确性和可靠性，促进会计电算化在企业管理中的有效运用，严守管理标准和效率。

根据会计电算化系统的特点，上述总目标可以分解为四个子目标。

（1）责任控制目标设计。它着重于组织、批准、权限及保护措施责任的控制，使电算化系统的运行建立在可控、合法、合理的基础上。

（2）防错控制目标设计。它着重于财产安全、数据处理防错的检测，避免舞弊，正确查找信息和传递信息等方面的控制，使电算化系统的运行建立在可靠、可信的基础上。

（3）效率控制目标设计。它着重于充分协调会计电算化系统内的结构和组织，发挥系统效能，使电算化系统建立在高效率运行的基础上。

（4）环境控制目标设计。它着重于系统软件使用方面的安全保密、自然环境的正常化和科学化、硬件检测的维护等方面的控制，使电算化系统建立在安全运行的基础上。

6. 说明会计电算化内部控制系统的分类。

会计电算化内部控制系统分类可用图 9-1 表示。

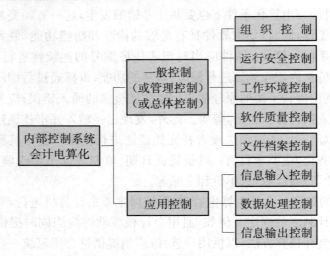

图 9-1　会计电算化内部控制系统分类

7. 会计电算化系统的一般控制设计的内容有哪些？

一般控制也称管理控制，是针对会计电算化系统本身在工作方面所提出的各项控制要求，包括以下五个方面。

（1）组织控制是对组织机构设置、人员配置、职权授受、权限规定和内部牵制等方面的控制。

（2）运行安全控制是对会计电算化系统的软件系统在使用方面的安全保密控制。会计电算化系统能安全可靠地运行，很大程度上取决于系统的运行安全控制。

（3）工作环境控制是指为保证会计电算化系统的正常工作条件而实施的控制。尽管工作环境并不寓于软件系统内部，但是它的好坏会对会计电算化系统的安全产生直接影响。

（4）软质量控制是指软件开发和使用过程中，为保证软件基本质量而实施的控制。软件质量控制设计的内容包括软件开发质量控制和软件使用质量控制。

（5）文件档案控制是指对会计文件档案的建立、保管、使用、复制、修改和销毁等方面的控制。

8. 会计电算化系统的应用控制设计的内容有哪些？

应用控制是针对信息处理操作方面的控制，是指对系统进行数据处理这一选定功能的控制。它包括数据输入控制、数据处理控制和数据输出控制三个基本内容。

数据输入控制是指为保证输入电算系统内的业务数据正确、真实和合法而设置的各种控制。数据输入控制的形式主要有以下八种。

（1）多重输入校验。

（2）逻辑校验。

（3）顺序校验。

(4) 字段类型校验。
(5) 符号校验。
(6) 校验码控制。
(7) 合计数控制。
(8) 平衡校验。

数据处理控制是为保证数据处理的正确性而设置的控制。在一般情况下，数据处理控制应在系统设计时固化在系统软件中，包括合理性控制、勾稽关系控制、文件标记控制和有效性控制等。

(1) 合理性控制是指检查一项输入记录和其有关文件记录上面的数据之间关系的逻辑性控制。

(2) 勾稽关系控制是根据业务事项内容各项目的运算关系进行数据处理控制。这在会计电算化系统中是极为常见的控制方式，也是实现会计处理电算自动化的主要途径。

(3) 有效性控制即将一个鉴别号和经济业务代码同一个经过审定的鉴别号和经济业务代码加以比较，从而判断其是否有效，是否要被计算机调用处理。

数据输出控制是指为保证合法、正确地输出各种会计信息而进行的控制。这包括两个部分。

(1) 储存性输出控制，即在储存数据时作必要的检测和控制，以保证输出数据合理有效的控制方式。

(2) 报告性输出控制，即将输出的报告与有关信息进行核对，并及时传递和保管输出报告。

9. 简述会计信息系统内部管理制度的设计内容。

会计信息系统内部管理制度的设计包括岗位责任制度的设计、会计信息系统操作制度的设计、计算机硬件和数据管理制度以及会计档案管理制度等的设计。

(1) 会计电算化岗位责任制设计。电算化会计岗位是指直接管理、操作、维护计算机及会计软件系统的工作岗位，其设计包括电算主管、软件操作、审核记账、电算维护、电算审查、数据分析、会计档案资料保管、软件开发。

(2) 会计电算化操作管理制度设计。单位实现会计电算化后，会计人员必须操作计算机才能进行会计核算工作，如果操作不正确会造成系统内数据的破坏或丢失，影响系统的正常运行。会计电算化操作管理制度设计的主要内容包括以下五点。

① 明确规定上机操作人员对会计软件的操作工作内容和权限，对操作密码进行严格管理，指定专人定期更换操作员的密码，杜绝未经授权人员操作会计软件。

② 预防已输入计算机的原始凭证和记账凭证等会计数据未经审核而登记机内账簿，保证会计数据的正确合法。

③ 操作人员离开机房前，应执行相应命令退出会计软件，否则密码的防线就会失去作用，给无关人员操作软件留下机会。

④ 根据本单位实际情况，由专人保存必要的上机操作记录，记录操作人、操作时间、操作内容、故障情况等内容。

⑤ 必要的防范计算机病毒的措施和制度。

10. 在会计信息系统相关管理工作设计中,你认为哪方面内容最重要？为什么？
答案略。

11. 计算机感染病毒后的主要表现有哪些？计算机病毒的主要危害是什么？
从典型病毒的分类及侵害情况看,计算机感染病毒后的具体表现,可表述为以下八种。
（1）侵害计算机的引导区或破坏文件分区表,使系统无法启动或调用文件。
（2）系统无法调用某些外部设备,如打印机、显示器等,但这些设备本身并无故障。
（3）系统内存没有原因的减少,软件运行速度减慢甚至死机。
（4）在特定的日期,当前运行的文件突然被删除。
（5）用户储存在硬盘上的文件被无故全部删除。
（6）正在运行的计算机突然无故重新启动。
（7）突然格式化特定的磁道、扇区甚至整个磁盘。
（8）屏幕突然出现弹跳的小球、字符、某些特定的图形等。

计算机病毒是危害计算机信息系统的一种新手段,其传播泛滥的客观效果是危害或破坏计算机资源。轻则中断或干扰计算机信息系统的工作,重则破坏机内数据,造成系统重大甚至是无可挽回的损失。

第十章
会计事务处理设计

1. 会计事务处理一般原则包括哪些内容?

根据我国《会计法》及《企业会计准则》的规定,普通会计事务处理应遵循以下一般原则。

(1) 会计基础:会计核算应当以权责发生制为基础,以企业持续正常的生产经营活动为前提。

(2) 核算依据:会计核算应当以实际发生的经济业务为依据,按照国家统一的会计制度的规定确认、计量和记录。

(3) 信息要求:会计信息应当符合国家宏观经济管理的要求,满足有关各方面了解企业财务状况和经营成果的需要,满足企业加强内部经营管理的需要。

(4) 会计方法:会计核算应当按照规定的借贷记账法进行会计处理。

(5) 一致性原则:会计处理方法前后各期应当一致;会计指标应当口径一致、相互可比。

(6) 及时性原则。

(7) 清晰性原则。

(8) 配比原则。

(9) 谨慎原则:合理核算可能发生的损失和费用,把风险缩小到或限制在极小的范围内。

(10) 计价原则:各项财产物资应当按取得时的实际成本计价,除国家另有规定外,不得调整其账面价值。

(11) 支出划分原则:严格划分收益性支出与资本性支出。

(12) 财务报告原则:财务报告应当全面反映企业的财务状况和经营成果。对于重要的经济业务,应当单独反映。

2. 如何理解与应用一致性原则、谨慎原则、支出划分原则和持续经营原则?

一致性原则就是要求会计处理方法前后各期应当一致,如有变更,应在财务报告中说明其变更情况、变更原因及变更后对财务状况和经营成果的影响;会计指标应当口径一致、相互可比。

谨慎原则是指合理核算可能发生的损失和费用。尽可能选用一种并不虚增利润和夸大权益的做法;对经济活动中的不确定因素,在会计处理上持谨慎态度,尽可能少计或不计可能发生的收益,把风险缩小到或限制在极小的范围内。

支出划分原则是指凡支出的效益仅与本会计年度相关的,应当作为收益性支出;凡支出效益与几个会计年度相关的,应当作为资本性支出。

持续经营原则是指企业会计确认、计量和报告应当以持续、正常的生产经营活动为前提。

3. 对于资产、负债、所有者权益、收入、费用、损益,财务报告在会计处理时应遵守哪些具体准则?

(1) 资产业务处理准则主要包括流动资产业务处理准则、长期投资业务处理准则、固定资产业务处理准则、无形资产业务处理准则。

(2) 负债业务处理准则主要包括负债业务处理准则、非流动负债业务处理准则。

(3) 所有者权益业务处理准则主要包括:投入股本应当按实际投资数额入账;盈余公积应当按实际提取数记账;资本公积应按股本溢价、其他资本公积等核算;投入股本、资本公积、盈余公积和未分配利润的各个项目应当在会计报表中分项列示等。

(4) 收入业务处理准则主要包括主营业务收入和其他业务收入。公司应按规定确认营业收入实现,并按已实现的收入记账,计入当期损益。

(5) 费用业务处理准则主要包括直接费用的计算、间接费用的计算、期间费用的确认、产品成本的计算和营业成本的确认。

(6) 损益业务处理准则主要包括营业利润、投资收益和营业外收支净额的计算等。

(7) 财务报告业务处理准则主要包括资产负债表、利润表、现金流量表、所有者权益变动表及会计报表附注和财务情况说明书编制等。

4. 货币资金内部控制要点有哪些?如何进行货币资金业务处理?货币资金控制重点何在?

货币资金业务内部控制要点是货币资金业务处理程序应实现的目标。货币资金内部控制要点,一般包括以下内容。

(1) 严格遵守《现金管理条例》和《银行结算制度》。

(2) 实行钱、账分管的原则。现金、银行存款和其他货币资金应由专职的出纳人员负责保管,出纳人员不得兼做会计记录工作和核对工作。

(3) 发生货币资金的收入和支出,应立即入账,不得拖延。设置现金日记账和银行存款日记账,由出纳人员进行序时登记,并做到日清月结。收入的现金应及时存入银行。

(4) 建立定期和不定期的现金盘点制度。每日要由出纳员进行盘点,编制现金日报,与现金日记账余额核对相符,业务主管人员应不定期对库存现金进行抽查。

(5) 定期与开户银行核对银行收支账项,编制《银行存款余额调节表》,核对与编表工作应由不同人员承担。

(6) 加强各种收、付款凭证的管理。各种收付款凭证要由会计部门统一管理,连续编号;领用空白发票、收据要进行登记;空白支票不得签名盖章,签发支票的印章要分开保管;收支凭证应与原始凭证相符;款项支付后应在付款凭证上盖"付讫"章,以免重复付款;一切付款应经批准,原始凭证要齐全。

货币资金业务处理主要包括收入业务和支出业务两大类。其收入业务包括产品销售收入、材料、废旧物资销售和对外提供劳务的收入、预付款项的收回等。其支出业务包括采购材料物资、发放工资奖金,支付日常费用,预付款项和归还预付款项等支出。对货币资金收支不论采取何种处理方式,均涉及收支凭证设计问题。在货币资金收入业务处理方面,应进行发票、收据、代垫费用结算清单设计;在货币资金支出业务处理方面,应进行差旅费报销单、医药费报销单、备用金结算清单、支票结算登记簿、应付凭单等设计。货币资金业务处理主要有：现金收支作业程序、银行存款作业程序、有价证券作业程序、库存保管票据作业程序、调节核对作业程序、备用金及一般费用报销程序等。

货币资金业务处理的控制重点主要是以下两类。

（1）出纳现金收支作业的控制。

（2）对备用金的报销控制。

5. 工资内部控制要点有哪些？如何进行工资业务处理？工资控制重点何在？

工资业务内部控制要点是工资业务处理程序应实现的目标。工资业务内部控制要点一般包括以下内容。

（1）考勤、工资结算、提现、记账职务四分离。

（2）建立健全完善的考勤制度和考勤记录，为工资计算提供完整、正确的依据。

（3）建立健全工时记录和产量记录，加强产品质量检验，正确计算完工产品数量，制定合理的定额工时。

（4）按照国家规定的工资政策和计算方法，正确计算单位工资定额和每个职工的应发工资数。

（5）按有关扣款规定，正确办理各种代扣款项。

（6）必须按批准的年度工资基金总额发放工资，及时办理工资基金增减变动的申请手续。

（7）必须按国家和单位的规定办理职工转正、定级、晋升、降级等工资调整及调进、调出等工资变动。

（8）对所属单位编制的工资单，应进行认真复核，应与工资汇总表核对，以防止弄虚作假。

（9）出纳部门工资提现凭证必须由会计部门主管审核批准，所提现金在工资发放前应妥善保管。

（10）工资发放必须由收款人签收，签收后的副本应交回会计部门保管，对未领工资或单独保管，或存入银行，不得挪用。

（11）如果通过银行支付工资，也必须告知本人并与银行核对。

工资业务处理中涉及很多原始记录和结算凭证问题，因此，在进行处理程序设计时，首先应充分考虑到凭证设计问题。在工资业务原始记录方面，应对考勤簿、考勤卡、工作通知单、工序进程单、工作量报表、产量通知单、产量明细表、代扣款通知单进行设计；在工资业务结算凭证方面，应对工资单、工资卡、工资袋、工资汇总表、集体计件工资分配表、工资补发补扣款通知单、待领工资明细表、资金津贴发放单等进行设计。工资业务处理具体程序如下。

（1）每月车间或科室的考勤人员将考勤表（或考勤簿）送交劳动工资或人事部门。

（2）劳动工资或人事部门据此编制出汇总表并计算职工的应发工资，编制工资单一式三份和工资汇总表一式两份。

（3）工资单和工资汇总表经审核后送财会部门。

（4）财务部门根据有关部门扣款通知单，在工资单和工资汇总表上计算实发工资，经审核后签发提现支票并登记支票登记簿，或通知银行直接存入职工户头。

（5）工资单一份随现金送职工，另两份工资单经职工签名后分别返回劳动工资或人事部门和财会部门留存,如有的单位工资单不返还劳动工资部门,职工只需在一张工资单签收,留存财会部门。

(6) 工资汇总表一份记入有关账户,另一份交劳动工资部门。

工资控制的重点主要有以下九条。

(1) 人力资源规划控制。

(2) 招聘作业控制。

(3) 任用作业控制。

(4) 培训作业控制。

(5) 考勤考核作业控制。

(6) 奖惩升迁作业控制。

(7) 薪资作业控制。

(8) 福利作业控制。

(9) 离职退休作业控制。

6. 固定资产内部控制要点有哪些？如何进行固定资产业务处理？固定资产控制重点何在？

固定资产业务内部控制要点是固定资产业务处理程序应实现的目标。其主要内容有以下七个方面。

(1) 固定资产采购、保管、记账、使用应由不同的部门或人员分管。

(2) 建立健全固定资产的预算制度,即单位要根据长远规划,分年度编制固定资产预算,以避免购建中的盲目性。

(3) 建立健全的固定资产账簿体系,单位应设置"固定资产明细账""固定资产登记簿"和"固定资产卡片"等进行固定资产核算,并使账、卡、物相符。

(4) 加强固定资产的管理,对未使用、不需用固定资产及时办理封存和申报手续,对多余、闲置或使用不当的固定资产,应及时反映汇报并处理。

(5) 建立固定资产的定期盘点制度,应认真查明盘盈、盘亏原因,追究有关责任人的责任,经上级批准后方可进行账务处理。

(6) 对待清理报废的固定资产应经过技术鉴定后方能进行报废处理,固定资产残值收入要及时入账,残余实物要妥善保管。

(7) 正确计算固定资产折旧,不得随意变更折旧方法,应按规定使用折旧资金。

在进行固定资产业务处理程序设计前,应首先考虑对固定资产业务基础工作及业务凭证报表进行设计。例如,对固定资产构成条件、分类、计价、折旧方法、修理费用处理方法等基础工作进行设计;对固定资产业务处理中所使用的固定资产交接证、明细卡片、登记簿、报废单、原价增减变动表、盘点明细表、盘盈盘亏表等应进行设计。其业务处理程序应设计的内容包括以下三个方面。

(1) 设备更新申请批准程序。

(2) 设备采购、验收、付款程序。

(3) 设备清理报废程序。

固定资产的控制重点有以下六个方面。

(1) 取得作业控制。
(2) 异动盘点作业控制。
(3) 减损作业控制。
(4) 工程管制作业控制。
(5) 投保作业的控制。
(6) 差异分析的控制。

7. 采购内部控制要点有哪些？如何进行采购业务处理？采购与应付账款控制重点何在？

采购业务内部控制要点是采购业务处理程序要实现的目标，其主要内容有以下十个方面。

(1) 请购、采购、验收、仓储、付款、记账应由不同的部门或人员担任。
(2) 采购人员只能在批准的采购计划内进行采购，不得擅自变更采购内容。
(3) 采购应尽可能与供货单位签订合同，会计部门应参与合同签订，收货部门应严格按合同订货规定的品种、数量、质量进行验收，并填制入库单。
(4) 凭证齐全并核对无误后方可办理结算及支付货款。
(5) 货款必须通过银行办理记账，除无法进行转账者外，不得以任何借口，违反结算纪律支付现金或现金支票。
(6) 实行付款凭单制。有关现金支出须经采购部门填制请款单，并经有关部门或人员批准后方可偿还货款。
(7) 购货发票以外增加的成本和各种费用、损失，须经过会计部门对凭证审查和原因分析，确定其合理性和合法性。
(8) 应付账款总分类账和明细分类账应按每月结账，相互核对，如出现差异，应编制调节表进行调节。
(9) 按月向供货方取得对账单，应与会计的明细账进行核对，并查明与调节差异。
(10) 采用净价法记录现金折扣，并制定严格的复核制度，审核是否发生折扣损失。

采购业务处理涉及诸多业务凭证的应用，因此在处理程序设计中，首先应充分考虑对采购申请计划表、采购资金限额登记簿、订货合同、供应合同备查簿、请购单、收货单、退货单等进行设计。采购业务处理程序主要包括以下四个方面。

(1) 日常采购计划编制与合同签订程序。
(2) 临时采购申请程序。
(3) 采购验货付款结算程序。
(4) 采购业务记账程序。

采购控制重点包括以下七个方面。

(1) 请购作业控制。
(2) 采购作业控制。
(3) 进口作业控制。
(4) 验收作业控制。
(5) 不符作业控制。
(6) 付款作业控制。

(7)差异分析控制。

应付账款控制重点包括以下九个方面。

(1)出纳付款时,应严格核对支付凭证上的金额数目,领款人身份证与印鉴必须相符;如有疑问,应于查询后始能支付。

(2)支付款项,除有特殊理由,得以现金支付外,其余一律开立抬头划线支票;如收款人有异议,应即联络采购或经办人员,经其同意并保证无误后,准予免填,必要时,得呈报总经理核准。

(3)出纳人员支付各项货款及费用,支票及现款均应交给收款人或厂商,单位人员不得代领;如因特殊原因必须代领者,应经主管核准。

(4)支付手续应待支付单据审核完妥,并经会计人员编制传票后始得为之。

(5)请购案交货延期罚款及品质不良罚扣的列计,须经过详细核对,确认合理。

(6)已届法定或约定支付期限而尚未支付者,应追查原因,并签报催办情形。

(7)支票送盖印鉴时,应在支出传票或应付凭单上,注明银行户头、支票号码及日期。

(8)已付款原始凭证应盖"付讫"章,支付传票背后应有领款人签章,以免重复付款或冒领事情发生。

(9)领款日期与列账日期相隔甚久者,应查明原因。

8. 存货内部控制要点有哪些?如何进行存货业务处理?存货控制重点何在?

存货业务内部控制要点是存货业务处理程序所要实现的目标。其主要内容有以下六个方面。

(1)各种存货的收发,均须以有关负责人审核批准的凭证为准,并要及时登记入账。

(2)材料的请领、审批、发放、保管与记账、核对,应由不同人员负责,不能由一人包办。

(3)材料储存规定合理的定额,其领用尽可能采用限额凭证进行控制。

(4)对加工的材料、外存材料、待收回的包装容器等本单位存货,要设账登记并定期与有关单位核对,外来加工材料应与本单位材料分开保管,并作有效的会计处理。

(5)对残料、废料应设账登记,应有专人负责其回收、利用,材料报废、报销应经有关部门或领导批准,对超储积压问题应定期考核并积极处理,以利加速资金周转。

(6)对实存材料进行定期盘点,日常收付应实行永续盘存制。

存货业务处理程序:存货业务处理首先应对各种存货进行科学的分类和编号,确定正确的计价方法和实物盘存制度与永续盘存制度。其次是要对存货业务处理过程中所使用的各种凭证与报表进行设计,如对领料单、领料登记表、限额领料单、收料汇总表、发料汇总表、存货收发结存表、材料吊卡、盘点盈亏报告单、存货报废审批单等进行设计。具体可分为以下五类。

(1)材料领发业务处理程序。

(2)委托加工材料发料业务程序。

(3)委托加工材料完工验收付款业务程序。

(4)产品生产完工交库业务处理程序。

(5)存货业务记账程序设计。

存货作业控制重点主要包括以下两类。

(1) 仓储作业控制。
(2) 投保作业控制。

9. 销售内部控制要点有哪些？如何进行销售业务处理？销售与应收款控制重点何在？

销售业务内部控制要点是销售业务处理程序要实现的目标。其主要内容包括以下十个方面。

(1) 销售合同签订、开票、发货、收款记账等职务要进行分离。
(2) 销售价格的确定，销售方式、结算方式的选择，要经单位有关负责人审批。
(3) 发票、发货票要连续编号，对缺号情况要彻底查清，签订合同、开票均要经过有关负责人签章。
(4) 销售业务尽可能根据合同进行，销售发票中的品名、单价、数量、金额及付款方式要填列清楚，要与合同一致，并经专人复核。
(5) 对于非合同销售和门市部直销应建立严密的审查制度。
(6) 如发生赊销业务，应对债务人进行信用调查，并按规定办理批准手续。
(7) 预付账款应按合同的规定执行，及时与客户办理结算手续。
(8) 废料、残料出售视同一般销售，销货退回须经有关负责人批准后方能办理销账和退款手续，退货要及时入库。
(9) 制定合理的催收政策和现金折扣条件，按不同的债务人设立应收预付账款明细账并定期进行对账，定期编制"应收账款账龄分析表"，设立"应收账款坏账备查簿"，坏账转销要按规定进行审批。
(10) 合理确认销售的实现，并要完整地登记入账。

销售业务处理程序：对销售业务处理程序进行设计时，首先应考虑对销售业务处理中所使用到的有关凭证和报表进行设计，如对订货销售发票、分期付款发票、应收分期付款明细表、发货单、销货退回单、应收账款余额及账龄分析表等进行设计。销售业务处理程序设计主要有以下四个方面。

(1) 订货销售业务处理程序。
(2) 发货制销售业务程序。
(3) 提货制销售业务程序。
(4) 销售业务记账程序。

销货及应收款控制重点有以下十三个方面。
(1) 销售预测控制。
(2) 销售计划控制。
(3) 订单处理控制。
(4) 诚信作业控制。
(5) 交货作业控制。
(6) 签票作业控制。
(7) 应收账款作业控制。
(8) 顾客投诉处理控制。
(9) 签押作业控制。

(10) 收款作业控制。
(11) 折让作业控制。
(12) 异常账款控制。
(13) 差异分析控制。

10. 生产业务控制包括哪些内容？其控制重点有哪些方面？
生产控制工作主要项目包括以下八个方面。
(1) 根据产品销量、最低库存量及生产能力，估算应生产的各种产品数量。
(2) 根据应生产数量，拟定生产计划，并根据每单位产品所需资源和费用，编制生产成本预算。
(3) 根据生产数量、生产成本与仓库保管成本资料，决定最经济的生产批量及最佳利用生产能力的方法，安排分批分期生产计划。
(4) 计算每批次生产所需要的材料种类、数量及人工数量。
(5) 编制生产过程中所需的各种表单，如生产成本单、用料单、派工单等。
(6) 排定设备利用或操作时间表。
(7) 记录制造作业过程，并与计划核对，如有差异，通知制造部门纠正。
(8) 监督产品交库及库存量的控制。
生产控制重点有以下十个方面。
(1) 生产规划控制。
(2) 负荷规划控制。
(3) 委托加工控制。
(4) 进度作业控制。
(5) 生产管理控制。
(6) 质量管理控制。
(7) 保养维修控制。
(8) 安全卫生控制。
(9) 生产成本控制。
(10) 差异分析控制。

11. 投资业务内部控制要点有哪些？长期负债内部控制要点有哪些？
投资业务内部控制要点：投资业务包括企业以现金、流动资产、固定资产等对外进行的短期投资和长期投资，其内部控制要点有以下五点。
(1) 对证券的授权买卖、保管、会计记录实行严格的分工，应由不同的个人分工处理。
(2) 建立、健全证券保管制度，或自行保管，或委托证券公司保管。
(3) 设置账簿，按证券的品种详细登记证券的名称、面值、号码、数量、取得日期、购入、购入成本、券商名称、已收利息或股息等。
(4) 凡企业拥有的证券除记名证券外，应在购入时办理记名登记手续。
(5) 实行定期盘点、核对制。
长期负债内部控制要点如下。

(1) 举债时应作缜密分析,以选择合适的举借渠道和方式。
(2) 发行债券应符合国家规定,并应经过公司最高管理当局批准。
(3) 正确处理举债的利息费用。
(4) 债券交易应有完整的会计记录,并要进行准确的会计核算。
(5) 编制还款计划或建立偿债基金。
(6) 接受银行、信托投资公司等部门的监督。

12. 怎样处理证券购入和证券卖出业务?

证券购入业务处理程序如下。

(1) 投资部门编制《股票(债券)投资计划建议书》,批准后,据此编制《证券购入通知单》一式两联,一联留存,另一联交会计部门审批后转出纳。
(2) 出纳部门根据通知开出支票,经审核盖章登记后交证券公司。
(3) 收到证券公司的有价证券后,出纳部门根据证券、支票副本及购入通知编制付款凭证,据以登记银行存款日记账。
(4) 会计部门收到付款凭证及有关单据,登记证券投资登记簿及有关明细账。

证券出售业务处理程序如下。

(1) 投资部门根据市场价格与单位投资目标实现程度,提出证券出售申请,经审批后编制证券出售通知单,交证券经纪人办理卖出手续。
(2) 会计部门收到出售单据以及银行转来的收账通知,核对出售申请及出售通知单后进行明细核算。

13. 怎样处理股票发行、债券发行业务?

股票发行业务处理程序如下。

(1) 企业证券部门准备发行申请材料,如财务审计报告、资产评估报告、招股说明书等,送交证券主管部门审批。
(2) 主管部门审批后,证券部门在核定的总额范围内授权委托证券公司销售股票并签订承销协议一式两份,一份自留,另一份由证券公司保存。
(3) 证券公司销售股票结束后将股东交款单及股东名册送交企业证券部门,企业证券部门审核后登记股东名册,并将交款单送交会计部门。
(4) 出纳部门收到证券公司转来的交款清单和银行收款通知时,经审核后编制收款凭证并登记银行存款的日记账,并将收款凭证和有关单证交企业证券部门。
(5) 企业证券部门在股东名册上登记收款日期,并将收款凭证和有关单证送会计部门进行财务处理。

债券发行业务处理程序如下。

(1) 企业证券部门准备申请材料并送交银行主管部门审批,材料包括公司章程、可行性研究报告、资信机构评估报告等。
(2) 审批合格后企业委托证券公司发行,并签订承销协议一式两份,一份自留,另一份送证券公司。
(3) 证券公司发行结束后,将交款清单送企业证券部门,据以填列应付债券明细表,并将交款清单送交会计部门。

（4）出纳部门收到交款清单和银行收款通知时，审核后编制收款凭证据以登记银行存款日记账，并将收款凭证及有关单证送交企业证券部门。

（5）企业证券部门据以应付债券明细表中登记发行日期，并将收款凭证和有关单证转送会计部门。

14. 预算作业、股务作业、负债作业、营业外收支、印鉴管理、背书保证、凭证处理、账务处理、报表查核、会计资料管理、绩效评估等控制重点何在？

预算作业控制重点表现为以下五个方面。

（1）编制预算必须由各相关部门人员共同参与。

（2）营业部门的销售预算必须切合实际并具挑战性，各部门的成本及费用预算注意有无浮滥。

（3）年度预算公布实施，应向各部门有关人员充分说明编制要点及预算目标，并设法排除任何疑虑，必要时召开研讨会或座谈会，对实施预算之步骤及方法详细说明。

（4）尽量使支出不要超过预算，但也不可囿于预算而减少原本当支用的部分。

（5）每季结束，将预算收支金额与实际收支金额作单季及累计金额比较，计算其差异，列表分送各有关部门，并研究分析产生差异的原因，采取必要行动，改正缺失。如差异系因外界因素造成，则应针对实际情况修正以后期间的预算。

股务作业控制重点表现为以下六个方面。

（1）本期内如无盈余可资派充股利时，其由公积项下拨充股利的条件，应符合《公司法》规定，并报经证券主管机关核准。

（2）股东领取股利时各项作业程序。

（3）办理股务的控制要领在于股务登记准确迅速，如股东办理更换印鉴、股东过户、股票挂失、质权设定、股票遗失补发、户籍或通信地址变更等异动事项，公司股务部门均能正确、迅速处理，满足股东的愿望与要求。

（4）发放股利手续力求简化，便于股东领取。一切处理程序应符合《公司法》及其他有关法令的规定。

（5）审计部门应根据已发行股票明细表核对股票存根，并盘点空白股票的张数。

（6）有换发收回作废股票的情形时，审计部门应抽查作废股票，并查核作废原因。作废股票的销毁，应经呈报批准后，由财务部主管监督股务部门，会同审计单位派员办理。

负债作业控制重点表现为以下五个方面。

（1）借款前应先分析举债用途、利弊得失等，以及获利来源，获利率是否足以偿付利息，并衡量举债经营对公司财务状况的影响，再决定是否对外借款。

（2）对员工、股东、附属公司或关系人的借款应分别列示。

（3）中长期借款如有一年内须用流动资产偿付者，应转列流动负债。

（4）借款如系指定用途者，应依计划或约定行事，不可移作他用。

（5）凡因长期性投资，如购置固定资产、转投资等而需使用资金，应举借长期借款，避免以短期借款支出，以免投资尚未回收便须偿还借款，影响公司正常的资金周转。

营业外收支作业控制重点：营业外收支的各项资料必须力求正确无误，严禁将非营业外收支项目列入营业外收支或反其道而行之。

印鉴管理控制重点表现为以下两个方面。

(1) 单位印章应详细登记,并不定时盘点。

(2) 单位印章不可借出,如有需要,一律由申请盖印者填具"盖印申请书",呈请用印。

背书保证控制重点表现为以下三个方面。

(1) 申请背书保证应在规定范围内,并依背书保证办法办理。

(2) 背书保证相关资料必须记载明确。

(3) 背书保证解除或注销时,应依规定办理。

凭证处理控制重点表现为以下七个方面。

(1) 审核外来凭证时,应注意其记载事项是否符合所列规定。

(2) 内部凭证审核应注意格式的填写、核准权限、数据计算等。

(3) 报销凭证应详加审核,与政府法令或公司规章必须相符,如有不符或不妥之处,应即提出意见,或提请报销部门补办或更正。

(4) 审核原始凭证中各级经办人员的核章,必须符合规定,核章日期是否衔接。如不妥,立即提请说明或补办。

(5) 各项凭证或附件如发现盖有传票编号章、审核章或付讫章者,应拒绝审核,并立即报请主管查办。

(6) 书据、文字或数字如有涂改痕迹,其涂改处须负责人签章证明。

(7) 单据审核无误后,经办人应在每张凭证上加盖审核章,并呈主管复核。

账务处理控制重点表现为以下六个方面。

(1) 会计科目的运用必须适当,同时符合会计制度及有关规定。

(2) 每一会计事项的发生均按会计制度办理。

(3) 查核会计凭证、簿籍、报告的设置,应符合会计制度及有关规定。

(4) 会计事务的处理符合会计制度规定。

(5) 过渡科目及暂记账项应按期清理。

(6) 折旧及利息的计算、各项递延费用的摊销,应依规定办理。

报表查核控制重点表现为以下六个方面。

(1) 单位财务报表应依据"一般公认会计原则"及政府的其他相关法令等规定编制。

(2) 单位的决算表,应能正确表达单位财务状况、经营结果及现金流量变动情形。

(3) 会计报告对于下列事项应予注明:重要会计政策的汇总说明、会计变更的理由及其对于财务报表的影响、债权人对于特定资产的权利、重大的承诺事项及或有负债、盈余分配所受的限制、有关业主权益的重大事项、其他为避免报表使用者误解,或有助于财务报表的公正表达,所必须说明的事项、其他经有关法令规定应加说明的特殊事项。

(4) 由于物价或其他经济状况的变动,致决算不能正确表达企业的经济状况时,对其差异应附适当的说明或补充资料。

(5) 决算表所包括的内容与会计科目的应用及排列,应前后一致,或有变更者,应说明变更情形。

(6) 会计报告的编送,除另有规定外,应先审查其需要,而决定报表的种类与表达方式,尤应加强对内各管理阶层的报告。

会计资料管理控制重点表现为以下四点。
(1) 会计资料应连号或加盖骑缝章。
(2) 不定期抽查保存的资料,以求完整。
(3) 各项资料保存时,应注意打包及储存方式,以易于找寻及保持资料的完整性。
(4) 设登记簿登记送存的资料,并设保管人、送存人。

评估经营绩效的控制重点在测定获利能力、研判短期偿债能力及长期财务结构,故下列三项指标应特别注意分析研究:(1) 资本报酬率或投资报酬率;(2) 流动比率;(3) 负债权益比率。

第十一章
内部稽核设计

1. 什么是内部稽核？内部稽核和内部审计是否一回事？

内部稽核是会计机构本身对于会计核算工作进行的一种自我检查或审核工作，它是会计监督的内容，也是内部控制的主要方式。

内部稽核的目的在于防止会计核算工作中所出现的差错和有关人员的舞弊。通过稽核，对日常核算工作中所出现的疏忽、错误等及时加以纠正或制止，以提高会计核算工作的质量。内部稽核工作制度的主要内容包括：稽核工作的组织形式和具体分工；稽核工作的职责、权限；审核会计凭证和复核会计账簿、会计报表的方法。

内部审计与内部稽核不同。国际内部审计师协会（IIA）在其1999年颁布，并于2002年1月1日起实施的《内部审计职业实务指南》中指出："内部审计是一种独立、客观的保证和咨询活动，其目的是增加组织的价值和改善组织的经营。"内部审计是在组织规模不断扩大，管理层次不断增加，管理空间不断拓展的情况下，基于加强组织内部的管理控制而产生的一种管理活动。也就是说，内部审计应当是一种以帮助改善组织的经营，增加组织的价值，实现组织的目标为目的的管理活动。内部审计应从下列三个方面增加组织的价值和改善组织的经营服务。

（1）评价和改善组织的风险管理。

（2）评价和改善组织的内部控制。

（3）评价和改善组织的管理过程的有效性。

2. 内部稽核有哪些方面职责？内部稽核包括哪些范围？

内部稽核工作的主要职责有以下十个方面。

（1）会计内部稽核应依照《会计法》、国家统一的会计制度及有关会计规章的规定办理。

（2）单位及附属机构实施内部稽核，应由会计人员执行，未设会计人员的机构，应由指定兼办会计人员执行。

（3）单位附属机构日常会计事务的审核，由各机构会计人员负责初核，单位会计人员负责复核，内部审核人员负责抽查；单位本身日常会计事务的稽查，由单位会计人员负责初核，内部审计人员负责抽查。

（4）会计人员行使内部稽核职权时，向所属各单位调阅账簿、凭证、报表及其他文件或检查现金、票据、证券或其他财物时，各单位不得隐匿或拒绝，遇有询问，应作详细答复。会计人员行使职权时，必要时报经受查单位上级主管批准，可封存各有关财物或者有关凭证及其他文件，并使有关主管作进一步的处理。

（5）会计人员执行内部稽核，应先仔细研究有关法令、制度、规章、程序及其他资料，务求充分了解有关规定，并应持有谨慎的态度。

（6）会计人员对所属机构进行稽核时，应编制一定的稽核底稿，记录机构组织概况、业务性质、重要人事、财务概况及其他重要事项等。

（7）会计人员对于审核过的账表、凭证、财物等均应编制工作底稿，应于适当文件签章证明并加签日期。检查现金、票据、证券的结果，应设底稿，登记检查日期、检查项目、检查结果及负责人姓名和签章证明。

（8）内部稽核人员如发现特殊情况或提报重要改进建议，均应以书面报告，送经会计负责人报请单位主管核阅后送请有关单位办理。此报告应当作内、外部审计时参考。

（9）内部稽核工作底稿及报告等文件，应分类编号进档，并要妥善保管。

（10）内部稽核与内部审计应合理分工、配合办理，避免重复检查。

内部稽核的范围，主要包括会计事务稽核、经营预算稽核、财务出纳稽核和财物变动稽核等。

3. 内部稽核程序和方法包括哪些内容？

内部稽核程序有如下四个方面。

（1）稽核准备。有四项稽核准备工作：一是要明确稽核目的和范围；二是稽核前要搜集与拟稽核项目相关的背景资料；三是针对拟稽核项目制定稽核程式，即明确具体项目的稽核目的、稽核内容、稽核顺序与抽查范围及程度；四是明确稽核人员及工作分配。

（2）稽核实施。稽核实施主要指采用调查、检查等手段查明被稽核事项真相，以明确症结之所在。按工作内容，一般分为制度稽核与作业稽核两类。

（3）稽核分析。稽核分析研究工作主要内容是：找出发生问题的所有因素；分析各因素彼此间的关系；决定各因素重要性的先后次序；研究所有可能解决方案；与相关人员沟通各种可能解决方案；选择最适当可行的方案。提出方案建议时，应站在管理者客观立场，并考虑实务上的可操作性。

稽核人员在稽核实施与分析时，都要形成稽核过程的文件，即要编制稽核工作底稿。稽核工作底稿应收录和记录稽核工作的计划、制度与作业检查与评价情况、稽核程序的执行、资料的汇集与结论的形成、稽核结果报告等。

（4）稽核报告。稽核报告是稽核人员将稽核过程中汇集的资料、查明的事实、获得的结论与建议，具体通知相关部门或最高管理阶层，以帮助相关部门及最高管理层进行处理、纠正和采取有效行动。

稽核报告主要形式有两种：文字报告和口头报告。

稽核报告的编制过程主要包括起草、初稿后协调及核定后发出。尤其是初稿后协调最为重要。

内部稽核人员主要采用资料检查法和资产检查法，如审阅法、复核法、核对法、盘存法、函证法、观察法、鉴定法、分析法、推理法、询问法、调节法等，分别说明如下。

（1）审阅法。审阅法是指通过有关书面资料进行仔细观察和阅读来取得证据的一种检查方法。通过审阅借以鉴别书面所反映的经济活动是否真实、正确、合法、合理及有效。审阅法不仅可以取得直接证据，也可以取得间接证据。

运用审阅法，应注意的技巧是：从有关数据的增减变动有无异常，来鉴别判断有无问题；从资料反映的真实程度，来鉴别判断有无问题；从账户对应关系是否正确，来鉴别判断有无问题；从事项发生时间和记录时间之间的差异，来鉴别判断有无问题；从购销活动中有无异常，来鉴别判断有无问题；从资料应具备的要素内容，来鉴别判断有无问题；从业务经办人的业务能力和思想品德，来鉴别判断有无问题。

（2）复核法。复核法包括会计数据的复核和其他数据的复核。

会计数据的复核主要是指对有关会计资料提供的数据指标的复核。

其他数据的复核主要是对统计资料所提供的一些主要指标进行复核。例如，工作时间的复核包括定额工作时间、计划工作时间、实际工作时间的复核，必要时还应对有关预测、决策数据进行复核。

（3）核对法。核对法是指将书面资料的相关记录之间，或是书面资料的记录与实物之间，进行相互勾对以验证其是否相符的一种查账方法。按照复式记账原理核算的结果，资料之间会形成一种相互制约关系。若被有关人员造成无意的工作差错或是故意的舞弊行为，都会使形成的制约关系失去平衡。

核对内容包括会计资料间的核对、会计资料与其他资料的核对、有关资料记录与实物的核对。

（4）盘存法。盘存法是指通过对有关财产物资的清点、计量，来证实账面反映的财物是否确实存在的一种查账技术。按具体做法的不同，有直接盘存法和监督法两种。

（5）函证法。函证法是指查账人员根据稽核的具体需要，设计出一定格式的函件并寄给有关单位和人员，根据对方的回答来获取某些资料，或对某问题予以证实的一种检查方法。

函证法按要求对方回答方式的不同，又有积极函证和消极函证两种。

应用函证技术时应根据需要选择适当的函证方式、设计恰当的函证文件，还应注意以下问题。

① 应避免由被检单位办理与函证有关的一切事项，包括信件的封口、投递、接收等。

② 对于重要事项的函证，应注意保密，以防被检单位临时采取补救措施。

③ 在采取积极函证的方式下，未能在规定期限内收到答复函时，应采取其他措施，或是再次发函，或是亲临核实。

④ 为了便于控制，应对函证事项和单位开列清单，并做好相应记录。

（6）观察法。观察法是指检查人员通过实地观看来取得证据的一种技术方法。观察法结合盘点法、询问法使用，会取得更佳的效果。

（7）鉴定法。鉴定法是指检查人员对于需要证实的经济活动、书面资料及财产物资超出稽核人员专业技术时，应另聘有关专家运用相应专门技术和知识加以鉴定证实的方法。鉴定法主要应用于涉及较多专门技术问题的稽核领域，同时也应用于一般稽核实务中难以辨明真伪的场合，如纠纷、造假事项等。

（8）分析法。分析法是指通过对被稽核项目有关内容的对比和分解，从中找出各项目之间的差异及构成要素，以提示其中问题，为进一步检查提供线索的一种技术。稽核工作中一般采用的分析法，主要有比较分析、平衡分析、科目分析和趋势分析等。

（9）推理法。推理法是指稽核人员根据已经掌握的事实或线索，结合自身的经验并运用逻辑方法，来确定一种方案并推测实施后可能出现的结果的一种技术方法。推理法与分析、判断有着密切的联系，通常将其合称为"分析推理"或"判断推理"，它是一种极为重要的稽核技术。推理方法的应用有利于把握检查的对象和选择最佳的检查方法。推理方法的步骤是：提出恰当分析，进行合理推理，进行正确判断。

（10）询问法。询问法或称面询法，是指稽核人员针对某个或某些问题通过直接找有关人员进行面谈，以取得必要的资料可对某一问题予以证实的一种检查技术方法。

按询问对象的不同，询问法可分知情人的询问和当事人的询问两种。按询问方式的不同，又可分为个别询问和集体询问两种。

（11）调节法。调节法是指审查某一经济项目时，为了验证其数字是否正确，而对其中某些因素进行必要的增减调节，从而求得需要证实的数据的一种稽核方法。例如，在盘存法中对材料、产品的盘存日与查账日不同时，应采用调节法；银行存款账户余额和银行对账单所列余额不一致时，可采用调节法。通过调节，往往还能提示更深层次的问题。

4. 什么是会计错误？什么是会计舞弊？两者有何区别？

会计错误是指账务上的记录、计算、整理、编表等工作，违反了真实性、合法性和适当性的原则，但不含任何不良企图，纯属非故意造成的会计过失。

会计舞弊是指在生产经营和管理活动中，利用账务上的处理技巧和其他非法手段为个人或单位谋求不正当的利益。

会计错误与会计舞弊又各有其不同的特征。其主要区别有以下三点。

（1）动机不同。会计舞弊发生的行为人总是出自蓄意的不良企图而进行的违法违纪行为；而会计错误发生的行为人则是因为学识不足、业务不熟、疏忽大意或过于自信造成的过失行为，主观上没有任何不良意图。其本质的区别：一个是有意，一个是无意；一个是故意，一个是过失。

（2）手段不同。会计舞弊发生者是经过事先的预谋取得和策划，所用手段大多是冒领、窃取、伪装、粉饰，通常是在账务上作弊，而在会计上做假账，来掩饰其舞弊的事实；会计错误发生没有掩饰和伪装，一般是因为计算不准、数字多记、漏记、少记，或者运用会计原理不当，对有关会计制度法规不熟而发生的失误过错，只是无意地违反了规定的程序和基本原则。

（3）结果不同。发生会计舞弊的行为人有所企图，是为了行为人的个人利益或者单位自身利益和其成员的利益，其结果会使国家或经济单位遭受经济损失；错误造成的后果，会歪曲某种事实，甚至带来损失，但其本人或单位并没有从主观上得到不应有的益处。

5. 如何进行会计错误和会计舞弊的稽核？

会计错误稽核的依据如下。

（1）会计核算的各个环节中所作的会计处理以及通过会计核算所提供的会计资料，是否符合经济业务活动的客观事实。

（2）会计核算和会计资料是否符合会计原理和会计原则。

（3）所有经济活动和财务收支以及会计处理，是否完全符合规定的程序和方法，是否符合《会计法》和国家统一的会计制度。

衡量会计舞弊的标准如下。

（1）公共财产是否受到损失。由于账务上的造假，使公共财产遭受损失的，即属于会计舞弊。

（2）掩饰真相，欺骗国家。由于掩饰真实情况，会计上造假记录，使国家或单位受害的，即属于会计舞弊。

（3）是否利用职权谋取私利。凡是利用自己的职权谋取私利，造成会计记录失实的，即属于会计舞弊。

6. 销货及收款循环作业中应稽核哪些内容？

销货及收款循环稽核内容主要分为两个方面。

（1）对有关制度规程的稽核。

（2）对主要作业的稽核。

对销货及收款循环制程方面的稽核，主要是查明单位有无制定合理的职能目标、产品发展原则、产品发展程序、产品管理责任、销售政策、行销协调、预算编制与执行、销售方式与市场研究等。

对销货及收款循环作业稽核要注意以下问题。

（1）稽核产品销售策略的研究与制定。

（2）稽核产品的设计与推广情况。

（3）稽核产品管理情况。

（4）稽核销售的推广与广告情况。

（5）稽核供销活动。

（6）稽核销售处理情况。

（7）稽核顾客支持情况等。

7. 采购及收款循环作业中应稽核哪些内容？

采购及付款循环稽核内容主要分为三个方面。

（1）对制度与授权的稽核。

（2）对内部作业的稽核。

（3）对特殊项目的稽核。

在制度规程方面稽核，主要是查明单位有无制定合理的供应商关系准则、比价的要求、采购来源的复合度、互惠原则、授权（批准）采购的阶层、职务上禁止行为、订单追踪控制、不合规程序事项处理等。

在采购授权方面稽核，主要是检查授权采购程序是否适当，如谁发请购单，谁审核采购项目、规格及数量，应用何种表单，实际成本价超出预算价如何处理，如何应付采购中变动等。其次，要检查在实际采购中程序是否得到遵循，有无偏差，原因何在，责任在谁；检查既定的程序是否恰当；特殊采购是如何核准的。

对内部作业的稽核，主要是指对一般事项和供应商的稽核。对一般事项的稽核主要是：检查设备是否充分；内部作业是否按规定进行，有无偏差，原因何在，有何纠正行动；各类内部记录与档案是否充分、完备，并妥善保管；整个采购循环（请购—核准—任务分配—采购—催询—收货）是否在适当控制之下进行，采购是否能适时办理，采购表单是否适当，是否做到妥善保管；作业效率如何等。对供应商方面的稽核主要是：检查有关供应商资料是否充分，其供应能力如何；对新供应商的开发是否充分有效；如何保持与供应商之间的亲密关系；对供应商的财务能力是否了解或调查；对供应商的定价、发货及货品质量有无调查；如何进行竞价和议价等。

在采购方面，关于特殊项目稽核的内容主要是：一切政策与既定程序的准确性；各个步骤时间掌握的合理性；采购处理是否以追求企业最大利益为目的；采购工作是否充分发挥了集体精神；过分急迫及紧急订单的内容、次数与原因；零星或分散采购集中的可行性；未授权项目的采购情况；价格预约的必要性；内部记录与相关程序的效率；采购人员能力综合评价等。

8. 生产循环作业中应稽核哪些内容？

生产循环稽核内容主要包括以下四点。

（1）对生产制度规程的稽核。

（2）对生产项目决定及生产规划的稽核。

（3）对生产作业稽核。

（4）对其他活动的稽核。

对生产循环制度及规程稽核，主要是查明单位有无制定合理的制度与规程，如单位有无制定生产规划、制造流程、资源筹划、制造通知单接受方式、作业处理的控制、生产记录、质量管理、在产品清点等。

对生产项目决定及生产规划的稽核如下。

（1）要查明生产部门扮演的角色。

（2）对已定项目生产规划的稽核。

对生产作业的稽核如下。

（1）要查明原材料的利用情况。

（2）查明人工的利用情况。

（3）查明后勤服务是否适当充分。

（4）查明生产管制情况。

（5）查明产品检验情况。

（6）查明报告及成本控制情况。

对其他活动稽核如下。

（1）查明工厂维护情况。

（2）查明废物控制情况。

（3）查明企业安全情况。

稽核人员除了对上述事项稽核外，还要对生产通知单（制造单）的处理及成本报告进行直接测试。

9. 工资循环作业中应稽核哪些内容？

工资循环稽核与人事管理稽核很难划分，其稽核内容为以下三点。

（1）对制度与规程的稽核。

（2）对人事规划及发展的稽核。

（3）对人事行政的稽核。

对人事、工资循环制度与规程方面的稽核，主要查明单位有无人力资源规划、招聘政策及程序如何、有无培训政策与计划、有无职务说明、分析及评估、有无报酬政策等。

对人事规划及发展稽核如下。
（1）稽核人力规划情况。
（2）稽核聘用及挑选人员情况。
（3）稽核培训教育情况。
对现行人事行政稽核如下。
（1）稽核职务分析与说明情况。
（2）稽核报酬给予情况。
（3）稽查绩效衡量情况。
（4）稽查调职、升迁及解聘等人事变动情况。
（5）对人事记录与报表稽查。
（6）稽查人员指导情况。
（7）稽查职工福利情况。
（8）稽核服务提供情况。
（9）稽查员工安全与伤害赔偿情况。
（10）稽查人事关系状况等。

10. 融资循环作业中应稽核哪些内容？

融资循环主要是单位财务工作的范围，要掌握融资循环稽核首先要了解财务的稽核。

如欲对财务会计进行稽核，必须了解到以下事项：会计科目表与科目说明；账簿组织与记录说明；财务控制政策及程序，包括主要作业循环控制程序；普通会计与成本会计簿记方法；其他相关控制制度。财务稽核的主要内容包括规程制度、日常作业、管理规划、资本支出规划与控制、资金需求测定与筹措、税务处理、保险事务、定价抉择等方面。

11. 固定资产循环作业中应稽核哪些内容？

对固定资产循环稽核最主要是稽核单位整体的财产管理状况，即要稽核财产管理的组织状况、资本性支出管理状况、工程建设状况、财产控制状况、财产管理效能等。

对财产管理的组织状况，主要稽核内容：单位如何有组织地从事财产需求的研究；有无制定财产管理政策及程序；单位有无专设的建设单位；单位有无明细的财产记录；单位有无明确的财产管理人员职务说明书；单位对建造活动的控制、财产的收验、财产变动的授权、财产保管与维护、折旧政策与程序等是否有效；财产有无计划管理及其效果如何等。

对资本性支出管理状况，主要稽核内容：资本性支出是否制定适当的、可行的计划；是否制订具体的实施方案，其批准程序是否合理；方案执行有无严格控制、有无记录、有无结果报告，是否有效；有无超时间、超经费预算的情况；有无随意变更计划方案的现象，如有，原因何在。

对工程建设状况，主要稽核内容：委外工程决策程序如何，如何选择建设单位，合同条款考虑是否充分；如何控制工程进度、工程支出与工程质量；对违约工程及未达到质量标准的工程如何进行处理；如何控制在建工程；建设合同变更有无正当理由，如何追究违约责任等。

对财产管理控制状况，主要稽核内容：设备是否妥善保管以免损坏，是否仔细考虑过维护成本;安全措施是否完备,是否权衡过风险程度与成本支出;各项设备添置是否均求其发挥最大效能;各项有无使用不当之处;各项设备是否皆经编号管理或钉牌识别;各项财产增、减变动及结存记录是否正确;财产转移、报废是否依适当程序办理;财产外借有无控制程序,如有无记录、到期是否收回;是否收取租金、损坏是否赔偿等;各项财产记录是否由第三者定期进行盘查核对;是否定期或不定期地进行财产清点,清点中发现的差异是否认真处理。

财产管理效能,稽核内容主要有:财产管理政策中是否强调需求应谨慎决定,设备购置是否依其重要性决定批准程序,维护与管制各类资产的政策及程序是否完备;各种设备是否充分地发挥了其效能,有无设备不足而影响了生产力,有无设备过剩而造成了浪费;资产管理人员其能力是否适应职责的需要,其工作效率与效果是否令人满意。通过上述稽核,以明确在设备利用上有无重大困难及如何解决;效能与效率是否尚待增进及如何增进。

12. 投资循环稽核的重点工作有哪些?
(1) 投资评估作业稽核。
(2) 买卖作业稽核。
(3) 保管、异动作业稽核。
(4) 盘点、抵押作业稽核。
(5) 申报、公告作业稽核。
(6) 会计处理作业稽核。

第十二章
会计监督设计

1. 会计监督制度包括哪些内容？应当符合哪些方面要求？

根据《会计法》和《企业会计准则》的有关内容，单位内部会计监督制度，主要包括内部会计管理体系、会计人员岗位责任制、账务处理程序、内部牵制制度、内部稽核制度、原始记录管理制度、定额管理制度、计量验收制度、财产清查制度、财务收支审批制度、成本核算制度、财务会计分析制度等。要指出的是，各单位应当建立、健全哪些内部会计监督制度，各项内部会计监督制度应当包括哪些内容，主要取决于单位内部的经营管理和监督需要，不同类型、规模的单位也会对内部会计监督制度有不同的选择。但是无论如何，各单位必须根据法律的规定建立、健全内部的会计监督制度。

单位内部的会计监督制度应当符合下列要求。

（1）重要职务职责权限明确。根据《会计法》要求，记账人员与经济业务事项和会计事项的审批人员、经办人员、财物保管人员的职责权限应当明确，并相互分离、相互制约。

（2）重要经济业务处理程序明确。根据《会计法》要求，重大对外投资、资产处置、资金调度和其他重要经济业务事项的决策和执行的相互监督、相互制约程序应当明确。

（3）明确财产清查制度。根据《会计法》要求，财产清查的范围、期限和组织程序应当明确。

（4）明确会计资料内部审计制度。根据《会计法》要求，对会计资料定期进行内部审计的办法和程序应当明确。

2. 单位负责人和会计人员应负哪些方面的会计监督的职责？

（1）单位负责人职责。根据《会计法》要求，单位负责人应当保证会计机构、会计人员依法履行职责，不得授意、指使、强令会计机构、会计人员违法办理会计事项。单位负责人作为单位的最高管理者，对本单位包括会计工作在内的一切经营和业务管理活动都负有责任。

（2）会计人员职责。根据《会计法》要求，会计机构、会计人员对违反《会计法》和国家统一的会计制度规定的会计事项，有权拒绝办理或者按照职权予以纠正。会计机构、会计人员发现会计账簿记录与实物、款项及有关资料不相符的，按照国家统一的会计制度的规定有权自行处理的，应当及时处理；无权处理的，应当立即向单位负责人报告，请求查明原因，作出处理。各单位应当定期将会计账簿记录与实物、款项及有关资料相互核对，保证会计账簿记录与实物及款项的实有数额相符、会计账簿记录与会计凭证的有关内容相符、会计账簿之间相对应的记录相符、会计账簿记录与会计报表的有关内容相符。

3. 对于违反《会计法》及国家统一的会计制度规定行为，应如何进行检举处理？

根据《会计法》要求，任何单位和个人对违反《会计法》和国家统一的会计制度规定的行为,有权检举。收到检举的部门有权处理的,应当依法按照职责分工及时处理;无权处理的,应当及时移送有权处理的部门处理。收到检举的部门、负责处理的部门应当为检举人保密,不得将检举人姓名和检举材料转给被检举单位和被检举个人。

任何单位和个人都有权检举。所谓"任何单位和个人",不仅仅是指会计机构和会计人员,它泛指凡是了解和掌握违法违纪行为情况或线索的单位和个人。所谓"检举",包括通过书面或口头等方式,向财政部门、审计部门、纪检部门或国家其他有关部门反映、揭发违反《会计法》和国家统一的会计制度规定的行为。

4. 注册会计师对单位会计监督包括哪些内容?

《会计法》的规定:有关法律、行政法规规定,须经注册会计师进行审计的单位,应当向受委托的会计师事务所如实提供会计凭证、会计账簿、财务会计报告和其他会计资料以及有关情况。

注册会计师的业务范围主要有:依法承办审计业务;承办会计咨询、服务业务。注册会计师依法独立、公正执行业务,受法律保护。注册会计师执行业务可以根据需要查阅受托人有关的会计资料和文件。

5. 国家财政部门对单位会计监督包括哪些内容?

根据《会计法》要求,财政部门对单位会计监督主要内容包括:是否依法设置会计账簿,会计凭证、会计账簿、财务会计报告和其他会计资料是否真实、完整;会计核算是否符合《会计法》和国家统一的会计制度的规定,从事会计工作的人员是否具备从业资格。财政部门还应对会计工作进行必要的指导、管理和监督,其工作主要包括会计政策、标准的规定,法律制度执行情况的检查监督,会计人员专业技术资格的确认,会计人员行使职权的保障,督促基层单位加强会计工作和提高工作水平等。

6. 单位会计资料应接受哪些方面的监督检查?单位如何配合外部监督检查?

《会计法》要求:财政、审计、税务、人民银行、证券监管、保险监管等部门应当依照有关法律、行政法规规定的职责,对有关单位的会计资料实施监督检查。依法实施监督检查后,应当出具检查结论。有关监督检查部门已经作出了检查结论能够满足其他监督检查部门履行本部门职责需要的,其他监督检查部门应当加以利用,避免重复查账。

根据《会计法》要求,各单位必须依照有关法律、行政法规的规定,接受有关监督检查部门依法实施的监督检查,如实提供会计凭证、会计账簿、财务会计报告和其他会计资料以及有关情况,不得拒绝、隐匿、谎报。单位作为政府部门行政监管的对象,法律对其规定义务,要求其如实提供资料,单位不能找出种种理由拒绝、阻挠和刁难;应当积极配合,提供便利条件和真实的完整的资料,而不能弄虚作假或在资料上做手脚;也不能妨碍行政部门的行政管理行为。

第三部分　案例分析

内部会计控制制度设计评价案例分析

案例一

案例资料

大华公司是一家制造行业的上市公司,采用计算机进行事务管理和记账。按照上级主管部门的要求,决定开展一次内部会计控制检查。检查工作底稿中的部分记录摘录如下:

(1) 大华公司产成品发出时,由销售部填制一式四联的出库单。仓库发出产成品后,将第一联出库单留存登记产成品卡片,第二联交存销售部留存,第三、四联交会计部会计人员李杰登记产成品总账和明细账。

(2) 会计人员张红负责开具销售发票。在开具销售发票之前,先核对装运凭证和相应的经批准的销售单,并根据已授权批准的商品价目表填写销售发票的价格,根据装运凭证上的数量填写销售发票的数量。

(3) 大华公司的材料采购需要经授权批准后方可进行。采购部根据经批准的请购单发出订购单。货物运达后,验收部根据订购单的要求验收货物,并编制一式多联的未连续编号的验收单。仓库根据验收单验收货物,在验收单上签字后,将货物移入仓库加以保管。验收单上有数量、品名、单价等要素。验收单一联交采购部登记采购明细账和编制付款凭单,付款凭单经批准后,月末交会计部;一联交会计部登记材料明细账;另一联由仓库保留并登记材料明细账。会计部根据只附验收单的付款凭单登记有关账簿。

(4) 会计部审核付款凭单后,支付采购款项。大华公司授权会计部的经理签署支票,经理将其授权给会计人员王朋负责,但保留了支票印章。王朋根据已适当批准的凭单,在确定支票收款人名称与凭单内容一致后签署支票,并在凭单上加盖"已支付"的印章。对付款控制程序的穿行测试表明,检查人员未发现与公司规定有不一致之处。

(5) 计划部根据批准,签发预先编号的生产通知单。生产部根据生产通知单填写一式四联的领料单。仓库发料后,其中一联留存,一联连同材料交还领料部,其余两联经仓库登记材料明细账后送会计部进行材料收发核算和成本核算。

(6) 大华公司股东大会批准董事会的投资权限为1亿元以下。董事会决定由总经理负责实施。总经理决定由证券部负责总额在1亿元以下的股票买卖。大华公司规定:公司划入营业部的款项由证券部申请,由会计部审核,总经理批准后划转入公司在营业部开立的资金账户。经总经理批准,证券部直接从营业部资金账户支取款项。证券买卖、资金存取的会计记录由会计部处理。检查人员了解和测试投资的内部控制制度后发现:证券部在某营业部开户的有关协议及补充协议未经会计部或其他部门审核。根据总经理的批准,会计部已将8 000万元汇入该户。证券部处理证券买卖的会计记录,月底将证券买卖清单交给会计部,会计部据以汇总登记。

(7) 大华公司控股股东的法定代表人同时兼任大华公司的法定代表人,总经理是聘任的。在公司章程及相关决议中未具体载明股东大会、董事会、经营班子的融资权限和批准程序。经了解,2006年根据总经理的批示向工商银行借入了1亿元贷款。

(8) 大华公司设立了内部审计部,并直接对董事长负责。每年对子公司和各业务部进行审计,并出具审计报告。A和B注册会计师获取了2006年度所有的内部审计报告,经抽查表明,内部审计报告指出了内控存在的缺陷和改进建议。

(9) 大华公司设立现金出纳员和银行出纳员。银行出纳员负责到银行取送支票等票据,并登记银行存款日记账。月底银行出纳员取得银行对账单并编制银行存款余额调节表。

(10) 员工根据公司的批准手续报销,会计部对报销单据加以审核,现金出纳员见到加盖核准印章的支出凭据后付款。

要求:根据上述摘录,假定未描述的其他内容不存在缺陷,请指出大华公司内部会计控制在设计与运行方面的缺陷,并提出改进建议。

案例分析

(1) 就大华公司的内部控制如(1)所述,会计人员李杰同时登记产成品总账与明细账,不相容职务未进行分离。应建议由不同的会计人员登记总账和明细账。

(2) 就大华公司的内部控制如(2)所述,是健全的。

(3) 就大华公司的内部控制如(3)所述,存在以下缺陷。

① 验收单未连续编号,不能保证所有的采购都已记录或不被重复记录。

② 付款凭单未付订购单、订购合同及供应商的发票等,会计部无法核对采购事项是否真实可靠,登记有关账簿时金额或数量就可能会出现差错。

③ 会计部月末审核付款凭单后才付款,未能及时记录材料采购和债务事项,不能保证按约定时间付款,容易引发债务纠纷。

(4) 就大华公司的内部控制如(4)所述,是健全的。

(5) 就大华公司的内部控制如(5)所述,是健全的。

(6) 就大华公司的内部控制如(6)所述,存在以下缺陷。

① 由证券部直接支取款项,使授权与执行职务未得到分离,容易造成款项的安全问题。

② 与证券投资有关的活动是上市公司的一项非常重要的活动,不宜由证券部一个部门全权办理,而应由两个部门控制。有关的协议未经独立的部门审查,可能会使有关的条款不在协议中载明,即可能会存在协议外的约定。建议大华公司与营业部的协议应经会计部或法律部审查。

③ 证券部自己处理证券买卖的会计处理,业务的执行与记录的不相容职务未得到分离,并且未得到适当的授权和批准。

④ 月末会计部汇总登记证券投资记录,未及时按每一种证券分别设立明细账,详细核算,可能会造成投资收益核算发生差错甚至舞弊。

(7) 就大华公司的内部控制如(7)所述,融资授权不明,容易引发财务风险。

(8) 就大华公司的内部控制如(8)所述,是健全的。

(9) 就大华公司的内部控制如(9)所述,银行出纳员编制银行存款余额调节表,不相容职务未能分离,凭证和记录未得到控制。

(10) 就大华公司的内部控制如(10)所述,是健全的。

案 例 二

案例资料

联通内控,评价有方

中国联通作为在上海、香港和纽约上市的公司,自2005年末开始就把内控评审作为保证内控建设有效性的一项重大项目来抓,经过两年多的摸索、实践,逐步建立健全了内控评审体系,积累了一些经验。

一、制订评审工作计划

中国联通根据公司的业务特点,制订了内控评审工作计划,包括明确职责、确定评审范围、明确具体测试时间、确定被评审单位等各方面。

在明确各个层面以及各个部门的职责方面,总部各部门、各省分公司的主要负责人是内控建设工作的第一责任人,从总部到各省级分公司、各地市级分公司均要设立内控办公室,负责具体的组织协调工作。

在确定评审范围时,重点关注重要会计科目、重要经营场所、重要业务流程、流程风险评估、关键控制及相互之间的匹配关系,还制定了统一的记录、测试和报告标准及对应的测试方法。

为保证评审工作的有效执行,在确定测试执行人员、职责分工后,明确分段测试具体时间,如应当在年末以前就对其年末流程和程序进行复核,以确保年末流程和程序设计的有效性等。

在确定被评审单位方面,按照自上而下的评价方法,省分公司为必审单位;按照重要性原则,省会城市和资产或收入规模占全国汇总的0.4%以上的地市分公司为必审单位;按照风险的重要程度,以前年度发生过财务报告错报、舞弊行为,或公司内外各项检查、审计中发现重大问题的地市分公司为必审单位。

二、组织评审人员培训

中国联通公司在进行内控评审前,组织评审人员进行集中培训,对参与培训的人员明确内控建设评审工作的整体要求,要求参与培训的人员重点掌握内控建设评审的方法和对关键控制点的分析评价,统一评价标准,并教育评审人员要遵循以下五项原则:独立性、客观性、规范性、全面性的原则,自上而下的原则,关注重点的原则,注重效果的原则,注重文档记录的原则。

三、评审实施

各评审小组成员要根据《中国联通省级分公司内部控制规范》所确定的控制措施编制《内控评审工作底稿》,依据该底稿的具体要求对《内控制度规范》设计的健全性与执行的有效性进行现场测试。

1. 中国联通公司内控评审的主要内容包括控制环境评审、控制活动评审和IT信息系统控制评审。

(1) 公司层面控制(控制环境)评审。① 检查《员工职业道德守则》《不相容职务相互分离暂行规定》《风险评估管理办法》及《反舞弊暂行规定》等制度的培训和规范执行情况;② 检查经营信息定期分析、财务数据出现重大波动的分析报告,主要经济活动授权审批,经营发展目标实施以及人力资源政策等控制要求的落实执行情况。

（2）控制活动评审。围绕资本性支出、收入、成本费用、资金及资产、财务及信息披露以及其他六个影响财务信息真实性的业务流程，检查各分公司内控制度的健全性及执行的有效性；依据控制活动发生的频率，抽取一定数量的样本，测试各项控制措施的执行情况和效果。

在检查内控设计是否健全时，主要检查内部控制是否结合被测评省分公司的实际并涵盖了公司经营管理中需关注的重点问题及重点风险；内控制度是否明确了公司各项经营活动的管理要求；风险控制措施是否存在缺陷和漏洞，能否防范经营管理中的不规范行为，有效降低和控制经营管理中的风险；是否制定了清晰、明确的业务流程，流程的起点、终点以及中间涉及的各控制点、控制标准、各个岗位间的职责分工是否明确。

在检查内控执行是否有效时，主要检查各项经营活动是否按已制定的流程文档规范执行；实际执行与流程文档的描述存在什么差异；实际执行中各项流程文档是否有效地涵盖和控制了经营活动中的主要风险点；各级公司各个岗位的相关人员是否理解掌握内控流程文档的控制要求、本岗位的主要职责、主要风险点以及相应的控制措施；能否有效地控制当前公司经营过程中存在的风险，解决公司在经营活动中的突出问题。

（3）IT信息系统控制评审。围绕信息系统总体控制和应用控制的要求，中国联通对系统开发及变更管理、数据备份管理、日常维护管理、安全管理、系统自动控制、系统用户权限和电子表格管控等情况进行检查，同时针对各省分公司IT管控指标达标率进行评审。

2. 为保证公司资金安全，中国联通在进行内控各环节的评审的同时，也对资金安全状况进行了调查。内容包括非正常开立银行账户或存款、3个月以上（含3个月）银行未达账项、12个月以上应收款项等。

3. 中国联通在完成上述工作的基础上，统一了现场评审需提交的主要工作文档，要求各评审小组按照文档内容的要求填写完整，并经评审人员、评审小组负责人、被测评单位签字盖章确认，以利于评审各环节的责任认定。

4. 在现场评审工作中，中国联通从强调时点、文档记录的重要性、评审工作底稿三个方面入手，确保评审的有效性。

四、提交评审报告

中国联通要求各评审小组在评审现场结束后一周内提交评审报告和现场评审工作文档，并对评审报告的编制提出了具体的要求，即评审小组出具的评审报告要说明分公司内部控制建设的总体概况、整改目标完成进度，并详细描述未整改的问题、与业务流程相关的关键控制点设计和执行的缺陷以及有关问题对财务报告的影响，分析问题形成的原因、存在的风险和对分公司整改的具体要求。

五、评估测试结果

为了确认内控是否有效运行，中国联通还要求各评审小组在测试后编制一个有关所有内控缺陷、重要缺陷和实质性漏洞的清单，记录每个缺陷的原因并且评估必要的纠正行动，还要对每个纠正后的内控缺陷进行重新测试，以证明其运行的有效性，从而为财务报表认定提供支持。

案例分析

内部控制评价是对内部控制制度的健全性和执行有效性进行评价，旨在发现和改进内部控制薄弱环节，促进公司强化管理，提高经营效益，实现健康可持续发展。萨班斯法案第404条款对此提出了严格而明确的要求，即公司管理层要对本公司内控制度的有效性作出自我评审，向资本市场签署内控有效性声明；而管理层对内部控制的评价，担任公司年报审计的会计公司应当对其进行测试并提出独立评审意见，覆盖范围包括内控设计及执行的有效性。由此看出内部控制评价的重要性不言而喻，内控评价的质量在很大程度上决定了内控建设的质量。中国联通内控评审的实施，为公司内控建设取得阶段性的重要成果提供了坚实的保障。

中国联通在内控评价过程中，各个步骤均设定了明确的标准，使得评审组在实施与评审时有法可依、有据可查。而统一的工作底稿也便于评审人员和被审人员的沟通，同时评审人、责任人、整改时限等细化要求也便于认定和考核。

从以上中国联通制定内部控制评价活动的过程可以看出，联通进行内控是为了推动公司高效运转，做到了不为内控而内控。内控不能搞形式主义，应该如联通一样，根据本单位的业务情况制定具体的风险控制措施，把复杂问题简单化，使工作流程制度化，更好地为经营发展服务。

会计组织机构和岗位职责设计案例

案 例 一

案例资料

　　某公司张某在任出纳工作期间，先后利用15张现金支票编造各种理由提取现金62.54万元，均未记入现金日记账，构成贪污罪。具体手段如下：

　　(1) 隐匿8笔出口结汇收入，计62.54万元：将其提现的金额与其隐匿的收入相抵，使其23笔收支业务均未在银行日记账和银行余额调节中反映。

　　(2) 伪造11张银行对账单：将提现的整数金额改成带尾数的金额，并将提现的银行代码"11"改成托收的代码"77"或外汇买卖的代码"17"。

　　要求：分析该公司暴露出的管理漏洞及形成的主要原因。

案例分析

　　(1) 暴露出的管理漏洞表现在以下八个方面。

　　① 出纳兼与银行对账，提供了在编制余额调节表时擅自报销23笔收支业务的机会。

　　② 印鉴管理失控。财务印鉴与行政印鉴合并使用并由行政人员掌管，出纳在加盖印鉴时未能得到有力的监控。

　　③ 未建立支票购入、使用、注销的登记制度。

　　④ 济青两地的对账不及时。有5笔收入已转账至济南，冲平了应收外汇账款，但未在青岛的银行日记账中反映。若两地能及时对账，这个漏洞就会及早暴露。

　　⑤ 对账单由出纳从银行取得，提供了伪造对账单的可能。

　　⑥ 交接工作不明晰。李某在交接出纳工作时就存在个别遗留问题，理应责成其限期查明，否则不得离岗。

　　⑦ 凭证保管不善，会计已开好的5笔收汇转账单（记账联）被李某隐匿，造成此收入无法记入银行日记账中。

　　⑧ 发现问题时追查不及时。在清理逾期未收汇时发现：有3笔结汇收入未在银行日记账和余额调节表中反映，当时由于人手较少未能对此进行专项清查。

　　(2) 问题形成的主要原因是没有建立良好的内部控制制度。

　　张某之所以能在11个月期间作案15次，贪污巨款62.54万元，究其根本原因在于缺乏一套相互牵制的、以职责分工为基础所设计实施的对企业的内部各种经济业务活动进行制约和协调的一系列内部管理制度，使之得心应手，猖狂作案。

　　该公司应加强以下关键点的控制：① 印鉴管理制度；② 核对往来账；③ 监督检查制

度；④ 严格交接手续；⑤ 现金管理制度；⑥ 与银行对账业务；⑦ 收入登记制度、支出（支票）控制制度。其中①与⑧职责要分离,①与⑥职责要分离,⑤与⑧职责要分离。

案 例 二

案例资料

某公司是一家从事加工制造的中型企业,是实行总会计师制的会计与财务机构合设形式下的集中核算模式,其财务会计机构如下图所示。

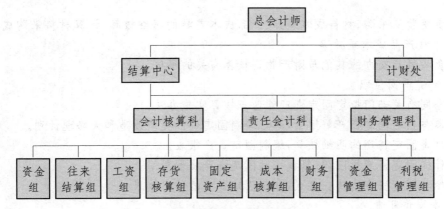

大中型企业会计机构内部组织

其设计的财务会计岗位职责。

1. 资金岗位职责

(1) 负责资本预算、筹资预算和财务预算的编制、监督执行和控制。

(2) 负责办理资金的筹措、分配和调度事项。包括办理各项借款的借入和清偿手续,各项对外投资的投放和收回手续。

(3) 负责各项对外投资的明细核算。

(4) 负责公积金和公益金的管理与明细核算。

(5) 负责编制现金流量表和其他资金报表,并对其进行必要的分析。

(6) 负责领导交办的其他与资金调度有关的事项。

2. 结算岗位职责

(1) 负责现金、银行存款和票据的出纳及保管。

(2) 负责现金日记账、银行存款日记账、各种票据备查账簿的登记。

(3) 办理与供应单位、购货单位和其他单位或个人的往来结算及明细核算。

(4) 负责企业各项借款费用的审核、计算、收付及其明细核算。

(5) 负责备用金的审核、计算、收付及其明细核算。

(6) 负责保证金（押金）、租金、罚没金、股息红利的计算和收付事项。

(7) 负责货币资金日报表的编制和分析事项。

(8) 负责领导交办的其他与货币资金结算有关的事项。

3. 工资岗位职责

(1) 会同劳动人事部门拟定工资、工资基金计划，监督工资基金的使用。

(2) 审核发放工资、奖金，负责工资发放和工资分配核算。

(3) 按规定计提职工福利费、职工教育经费和工会经费，并及时向有关部门拨交工会经费。

4. 存货岗位职责

(1) 负责储备资金定额、材料采购计划的编制和日常控制。

(2) 负责各项财产物资明细核算，及时反映其收、发、结存情况。

(3) 会同有关部门确定材料、固定资产、包装物、低值易耗品和其他物资的保管与清查制度。

(4) 负责物资采购、材料成本差异、产品成本差异的明细核算，计算材料采购成本、材料成本差异率和产品成本差异率。

(5) 负责领导交办的其他与财产物资核算有关的事项。

5. 固定资产岗位职责

(1) 会同有关部门拟定固定资产管理与核算实施办法。

(2) 参与核定固定资产需用量，参与编制固定资产更新改造和大修理计划。

(3) 负责固定资产的明细核算，编制固定资产报表。

(4) 计提固定资产折旧，核算和控制固定资产修理费用。

(5) 参与固定资产的清查盘点，分析固定资产的使用效果。

6. 成本岗位职责

(1) 负责成本计划的制订、分析和日常控制。

(2) 负责各项生产要素的归集、分配和明细核算。

(3) 制定和不断完善产品成本的计算方法。

(4) 归集和分配辅助生产费用和制造费用，并进行必要的分析。

(5) 将生产费用在完工产品和在产品之间进行分配，计算完工产品总成本和单位成本，并进行相应的明细核算。

(6) 负责各种成本报表的编制、复核与分析。

(7) 负责领导交办的其他与成本核算有关的事项。

7. 财务岗位职责

(1) 负责原始凭证的汇总和复核。

(2) 负责记账凭证的填制(或输入)、复核、编号、装订和保管事项。

(3) 负责总账和部分明细账(即除其他部门或岗位负责的明细账之外的所有其他明细账)的登记和保管事项。

(4) 负责总分类账户的试算平衡、期末结账时的账项调整和登记工作，并及时进行结账。不得提前或推后结账。

(5) 负责资产负债表的编制和分析，以及各种会计报表的审核和保管事项。

(6) 负责企业财务结构、损益变动及其发展趋势的预测和分析，并编制财务情况说明书。

(7) 负责会计制度的设计和修订事项。

(8) 负责领导交办的其他与账务处理有关的事项。

8. 资金管理岗位

(1) 参与筹资方案的选择与确定。

(2) 参与企业股票、债券的发行以及借款合同的签订。

(3) 对外投资的可行性研究。

(4) 基建投资和设备改造的可行性研究。

(5) 客户商情调查和信用调查。

(6) 资金使用效果的分析和考核。

9. 利税岗位职责

(1) 负责利润计划的编制和日常监控事项。

(2) 负责利润的计算和分配等事项。

(3) 负责各种税款的计算、申报、缴纳、扣缴和退税等事项,包括进口原材料、机器设备的关税申报、缴纳和退税事项。

(4) 负责进出口证明书、单据、结汇及报关事项。

(5) 负责利润表、利润分配表和其他有关附表的编制和分析。

(6) 负责领导交办的其他与利税有关的事项。

案例分析

(1) 该企业虽然采取会计与财务分别设置机构的形式,但是并不意味着会计部门只负责对资金运动(或经济业务)进行核算和监督,而财务部门只负责资金的筹集、调度和分配等资金管理。从企业的岗位职责分工来看,会计部门虽然主要负责对资金运动进行核算和监督,但同时也负责了部分财务管理的职责(如账务岗位负责企业财务结构、损益变动及其发展趋势的预测和分析,成本岗位负责成本计划的制订、分析和日常控制,物资岗位负责储备资金定额、物资采购计划的编制和日常控制)。财务部门虽然主要负责资金的筹集、调度和分配等,但同时也负责了部分会计核算的职责(主要是明细核算和某些会计报表的编制,如资金岗位负责各项对外投资和负债的明细核算、编制现金流量表和其他资金报表等)。

(2) 该企业这样设置财务会计组织机构和岗位职责,体现了适应性原则、精简与效率原则的要求。也就是说,通过机构分设,实现了核算与管理两种不同职责的基本分工,从而有利于实行岗位责任制;有利于实行会计控制;有利于相互牵制、相互监督;有利于减少差错和舞弊。

(3) 根据企业的生产经营规模、特点、人员素质和管理要求,将核算与管理职责在会计部门与财务管理部门之间进行适当的交叉设置,能使会计核算更为直接和及时,使财务部门能够更快地得到会计信息,减少信息传递的时间和失真的可能性,并有利于监督财务计划的执行和提高工作效率。

(4) 其不足方面:从具体的岗位职责分工看,稽核分工不明显,可能弱化了稽核工作;会计与财务两部门工作协调的难度较大。

案 例 三

案例资料

A公司是一家大型制造企业,其财会部设有财务、会计和审计等三个职能科室。该企业的财务管理分工如下图所示。

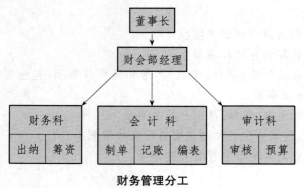

财务管理分工

要求:请指出该企业会计机构的设置存在哪些问题?你认为还应该增设什么岗位?

案例分析

(1) 按照公司治理结构的要求,董事长不能直接领导财会部经理。应当按照董事会→总经理→总经济师(或总会计师)→财会部经理→职能科室的程序来履行职责。

(2) 按照内部控制的要求,审计科一般不能设在财会部之内,否则,审计人员就没有独立性可言。如果审计科设在财会部之内,则应说明其具体职责内容。

(3) 财会部内部各职能科室的管理权限也应当做以下调整。

① 财务科:融资、筹资。

② 会计科:出纳、账务处理、成本管理、资产管理、内部结算。

③ 综合科:预算编制及分析、税务。

④ 技术科:结算软件开发、计算机系统维护、档案管理。

会计科目设计案例

会计科目设计是会计制度设计的基础,为了更好地理解和掌握会计科目设计的原理、方法与步骤,现以东方有限责任公司为例,进行会计科目的设计。

案例资料

现有三家投资人决定合股投资 300 万元经营一家商店,其经营范围主要为服装、家用电器和百货商品,并开设一个快餐店。已租入三层楼房一栋,一楼经营家用电器,二楼经营服装和百货,三楼为快餐店,营业执照等已办妥,准备开业。现委托某会计师事务所设计一套会计制度。经事前调查研究,获得以下资料。

(1) 除三家合股投资人外,还准备向银行贷款和吸收他人投资,但他人投资不作为股份,只作为长期应付款,按高于同期银行存款利率的 20% 付息。
(2) 商场和快餐店均需要重新装修才能营业。
(3) 需购入货架、柜台、音响设备、桌椅、收银机等设备,还需购入运输汽车一辆。
(4) 商场购销活动中,库存商品按售价记账,可以赊购赊销。
(5) 快餐店的收入作为附营业务处理。
(6) 雇用店员若干人,每月按计时工资计发报酬,奖金视营销情况而定。
(7) 房屋按月交纳租金。
(8) 按规定交纳增值税和所得税(其他税种从略),税率按国家规定执行。
(9) 公司要求管理费用等共同费用应在商场和快餐店之间进行分摊。
(10) 利润要按商场和快餐店分别计算;税后利润按规定提取公积金。
(11) 本公司名称为东方有限责任公司。
(12) 公司已在银行开立账户。
(13) 购进商品的包装物出售给废品公司。

要求:为东方有限责任公司设计会计科目并对会计科目使用作出说明。

案例分析

一、整理分析

通过对上述资料进行分析,得出以下内容。

(1) 该公司属于商业零售企业,其组织形式为有限责任公司,所以应按基本会计准则和具体会计准则的规定,结合商品流通企业经营的特点设计其会计制度。
(2) 销售商品是该公司的主营业务,快餐店的业务应作为附营业务,在会计科目的设计上要加以区别。
(3) 公司要求共同性费用如管理人员工资、办公费、水电费、折旧费、房租等,要在两部分业务中分摊,在会计制度设计时应满足其要求,确定合理的分配标准。

(4) 列出固定资产目录,确定固定资产的折旧方法。音响等电子设备可以采用加速法计提折旧,汽车用工作量法计提折旧,其余固定资产可以用直线法计提折旧。折旧年限按国家有关规定执行。

(5) 桌椅等资产单价较低,并都是在开业前一次购入,故可作为开办费,一次记入当期损益。

(6) 其他人投资按公司规定,应设计长期应付款科目进行核算,所支付利息计入"财务费用"科目。

(7) 购进商品包装物出售后的收入可设计"营业外收入"科目核算。

(8) 全部会计科目体系可参照企业会计准则中的会计科目设计,会计科目编号以四位数为好。

二、东方有限责任公司会计制度

1. 会计科目总说明

(1) 本会计科目体系是应东方有限责任公司的委托,根据其提供的资料设计的,适用于该公司的现有业务。

(2) 本会计科目体系采用四位数编号,在使用时,可同时填写科目编号和科目名称,或只填写科目名称,但不得只填写科目编号。

(3) 本会计科目体系按借贷记账法设计,并要求按权责发生制要求进行核算。

(4) 有关会计科目列出了明细科目,未列出明细科目的,公司可根据需要自行设计。

(5) 日后业务范围扩大时,可增设一些科目。如开展对外投资时,可增设交易性金融资产、长期股权投资(或持有到期投资)、投资收益科目;还可增设"应收票据"和"应付票据"科目,以适应商业汇票的核算需要。

2. 会计科目表

东方有限责任公司会计科目表

序号	编号	科目名称	序号	编号	科目名称
		一、资产类			二、负债类
1	1001	库存现金	13	2101	银行借款(短期借款、长期借款)
2	1002	银行存款			
3	1131	应收账款	14	2121	应付账款
4	1132	坏账准备	15	2131	应付职工薪酬
5	1201	商品采购	16	2141	应交税费
6	1205	库存商品	17	2201	应付股利
7	1207	商品成本差异	18	2221	长期应付款
8	1230	库存物资			
9	1234	低值易耗品			
10	1401	固定资产			
11	1402	累计折旧			
12	1502	开办费			

续表

序号	编号	科目名称	序号	编号	科目名称
		三、所有者权益类			四、损益类
19	3101	股本	23	4101	商品销售收入
20	3111	盈余公积	24	4102	其他业务收入
21	3131	本年利润	25	4201	营业外收入
22	3141	利润分配	26	4301	商品销售成本
			27	4302	商品销售税金及附加
			28	4304	其他业务成本
			29	4401	销售费用
			30	4402	管理费用
			31	4403	财务费用
			32	4501	营业外支出
			33	4601	所得税费用

3. 会计科目使用说明

列出会计科目表后，接着应编写使用说明，它是对会计科目的内容和使用方法作出的详细解释。解释的内容包括以下方面。

(1) 说明各科目反映的经济内容及如何运用。经济内容是指该科目的含义，如何运用是指该科目借、贷方各登记什么内容，余额在何方，反映什么内容，主要的科目对应关系是什么。

(2) 说明科目的适用条件。包括在何种情况下使用该科目，否则应使用何科目。例如，"库存现金"科目是核算公司的库存现金的科目，公司内部周转使用的备用金不在该科目核算。对那些容易混淆和产生误解的科目要特别加以说明。

(3) 有关财产物资、费用等科目，要说明其分类、计价和摊提方法等问题。例如，东方公司固定资产单价金额起点为 1 000 元（含 1 000 元），货架、柜台等作为固定资产；电子设备采用年数总和法计提折旧，折旧年限定为 6 年；其他固定资产采用直线法计提折旧，年折旧率为 8％；低值易耗品采用"五五"摊销法摊销；开办费按规定记入当期损益；共同费用按商场和快餐店的收入分配；股利按合伙人出资额进行分配。

(4) 说明各科目的明细科目如何设计。能在制度中作原则规定的要进行规定，不能在制度中规定的要说明由用户自行设计。

会计科目使用说明的有关具体内容可参照《企业会计准则》。

4. 主要经济业务分录举例（略）

会计凭证设计案例

案 例 一

请为A公司设计一个会计凭证管理规则。

案例分析

A公司的会计凭证管理规则

（1）各种会计凭证必须按要求及时传递，不得积压。记账凭证登记完毕后，应按分类和编号顺序妥善保管好，以防散乱丢失。

（2）根据本公司会计部门内部分工情况和会计内部控制的要求，会计凭证的传递程序和有关要求规定如下图所示。

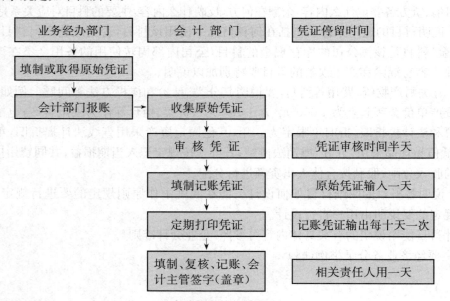

会计凭证的传递程序

各工作岗位应按业务处理程序，在规定的时间内办理有关手续，并及时传递凭证。会计部门经理应按顺序开展会计核算，保证会计信息质量，加强会计内部控制，不断完善凭证的传递程序和办理有关手续的时间规定，避免不必要的传递环节，防止会计凭证在各环节停留时间过长或过短。

（3）期末终了，应将各种输出的机制记账凭证连同所附原始凭证（包括原始凭证汇总表），按编号顺序装订成册并加具封面,注明本公司名称;注明年度、月份和起讫日期;注明凭证种类和起讫号码。并且,由装订人员在装订线封签处签章。

(4) 重要的原始凭证及其附件(如各种经济合同、存出保证金收据、涉外文件等)应另编目录,单独登记保管;并在有关记账凭证和原始凭证上相互注明日期和编号。

数量较多的其他原始凭证(如收料单、领料单等)也可以单独装订保管。单独装订保管的原始凭证,必须在其封面上注明记账凭证的日期、编号和种类;同时,在记账凭证上注明"附件另订"和原始凭证的名称及编号。

(5) 会计凭证(包括原始凭证和记账凭证)至少保存15年以上,其中涉外重要凭证应该永久保管。保管期满需要销毁的,须经单位领导批准,并报经主管部门审核同意后方可办理销毁手续。

(6) 会计凭证应由指定的专人保管。非保管人员不得擅自接触已经归档的会计凭证。

案 例 二

案例资料

请分析下面的差旅费报销单是否全面,并指出应该补充哪些内容。

姓 名					出差原因					其他费用		
出差时间			年 月 日 时起至 年 月 日止,共计 天									
日 期		起止地址	交通工具	寄宿费	途中伙食费		住勤费		说明	项 目	小计	
起	止				天数	金额	天数	金额				
										通信费		
										订票费		
										退票费		
										其 他		
										报销人:		
										审核人:		
差旅费合计			万 仟 佰 拾 元 角 分									

案例分析

(1) 对照差旅费的以下内容说明缺少的具体项目。

(2) 差旅费报销单应包括以下内容。

① 名称。(差旅费报销单)

② 填制日期。

③ 编号。

④ 报销人姓名、所在部门。
⑤ 出差事由。
⑥ 起止时间、地点。
⑦ 飞机、车、船费。
⑧ 在途住勤补助。
⑨ 住宿费。
⑩ 差旅费报销单金额总计。
⑪ 差旅费报销人签名。
⑫ 审核(业务主管、会计主管、财务负责人)签名。

案 例 三

案例资料

请说明下面的转账凭证是否全面,并指出应该删除或补充哪些内容。

转 账 凭 证

出纳编号：
制单编号：

年　月　日

对方单位	摘要	借方		贷方		金　额									记账符号	
		总账科目	明细科目	总账科目	明细科目	仟	佰	十	万	仟	佰	十	元	角	分	借	贷

记账：　　　　复核：　　　　出纳：　　　　领缴款人：

案例分析

(1) 说明转账凭证的性质,并针对其特点找出该转账凭证格式中无须设计的项目(例如出纳编号)。

(2) 按照转账凭证的内容指出该转账凭证还应该增加的项目(例如所附原始凭证张数)。

案 例 四

案例资料

某公司从广州A厂购进B材料100吨,100件,每吨不含税价为100元,起运站广州火车站,火车号 187 号,该批货物增值税发票号 123458,进货单号为 123,提货单为 223,计划成本为 95 元/吨。该批货物于 2010 年 9 月 8 日从北京南站提回,存放 E 库。经验收,实际重量为 100.5 吨,实际件数为 100 件,产品合格,增加 0.5 吨属于正常升溢。假设验货和收货当日完成。

要求:设计填制验收报告单和收货单。

案例分析

(1) 设计时应当注意反映出验收报告单的编制时间、起运站、车船号、供应单位名称、材料名称和规格、材料的送货单和提货单号、计量单位、应收和实收数量、材料的实际成本。计划成本及其差异(单价、金额)、付款方式、仓库号数、发票号数等,同时还应反映该表的编制及审核程序。

(2) 收货单参考格式。

收 货 单

收货单号:　　　　　　　　　填写日期:　　　　　　　　　收货日期:
订货单号:　　　　　　　　　发货通知单号:　　　　　　　页次:

供货方		供货方		合同号:	
编码:		编码:		单货核对:□相符□不符	
单位名称:		单位名称:		交货方式:	
地址:		地址:		运输方式:	
邮编:　　电话:		邮编:　　电话:		运费承担方式:	
联系部门:　传真:		联系部门:　传真:		收货地址:	
联系人:　E-MAIL:		联系人:　E-MAIL:			

序号	商品代码	商品名称	规格型号	等级	产地	保质截止期	包装单位	计量单位	数量	无税单价	无税金额	税率	税额	含税总金额
销售方式:			付款方式:			合计								
销售折扣:			付款折扣:			总金额大写:								
备注:														

会计账簿设计案例

案例一

案例资料

一、公司简介

南方化工有限公司有 50 余位员工,其下属厂有 600 余位员工。南方化工有限公司前身是南方化工厂,靠 20 000 元自筹资金起家,目前公司拥有流动资金 8 亿多元,铺开于市内 500 多处特约经销点。经过十多年的发展,在没有任何外界资金投入的情况下,完全凭自己艰苦奋斗,在市场经济的风浪中搏击,发展为"国家无投资,银行无贷款,原料无分配(渠道)",而"产品无积压,企业无利息债"的"五无企业"。现在的南方化工有限公司是一家拥有近 10 亿元自有资金的大型现代化涂料生产公司。

二、会计部门岗位

(1) 总会计师 1 人:监督整个财务科工作。

(2) 公司财务科共 9 人。

① 财务科长(1 人):管理日常的会计工作,负责复核记账凭证,记银行日记账,编制对外财务报表。

② 销售收款(2 人):市内应收账款(1 人),记应收账款明细账兼记分类账;市外应收账款(1 人),记应收账款明细账兼记总账。

③ 材料采购(1 人):记原材料明细账。

④ 应付账款(1 人):记应付账款明细账。

⑤ 现金出纳(1 人):负责现金报销,记现金日记账。

⑥ 管理会计(1 人):负责内部管理报表的编制。

⑦ 电算化(2 人):操作员(1 人),输入文档资料、打印、复印;程序员(1 人),系统维护。

(3) 下属厂财务科共 8 人。

① 财务科长(1 人):负责成本核算及报告。

② 外地销售收款(1 人):收款并汇总至公司。

③ 包装材料(1 人):记包装材料明细分类账。

④ 原材料(1 人):记原材料收、付、存明细分类账。

⑤ 成本核算(1 人):每月产成品成本的核算。

⑥ 生产统计(1 人):记录生产中有关数据,以便成本核算。

⑦ 电算化(2 人):操作员(1 人),输入文档资料、打印、复印;程序员(1 人),系统维护。

要求：
(1) 请为该公司设计一套完整的账簿体系(包括账簿的种类、用途、格式等)。
(2) 该公司应当采用哪一种账务处理程序？并画出流程图。

案例分析

一、账簿设计

(1) 现金日记账。登记现金收支业务，包括年月日、摘要、收入金额、付出金额、结存金额。

(2) 银行存款日记账。登记银行存款收支业务，格式与现金日记账相同。企业原来的账簿不设二级科目，我们经过调查后了解到，该企业的银行存款收支业务主要通过中国工商银行上海分行进行，当然也有一些零星收支通过其他银行进行。我们设计了两个二级科目，即"银行存款——工商银行""银行存款——其他银行"在账簿上分别列示，这样可以便于查账和对账。

(3) 销货日记账。用于登记销售业务。该日记账应按所销售货物类别的不同，设二级科目分类登记。

(4) 明细分类账。该企业不设二级科目，所有明细分类账完全按照规定的资产负债表和损益表科目来编制，主要采用三栏式。但是我们认为，有一些主要的科目应设有二级科目，分别登记，以便于管理。具体如下。

① 应收票据、应收账款、应付票据、应付账款应按客户分类。
② 固定资产按机器设备、建筑物、办公用品等分类(固定资产明细账)。
③ 管理费用可采用多栏合计式管理费用明细账。
④ 财务费用可按利息收支、汇兑损益、其他来分类。
⑤ 应交税费可将应交增值税与应交其他税费分开列示。或者可采用多栏借贷式应交税费——应交增值税明细账。

(5) 总分类账。按资产负债表和利润表科目设总分类账，采用三栏式。每10天根据科目汇总表进行登记。采用活页账册，用标签将不同科目隔开。

二、账务处理程序
如下图所示。

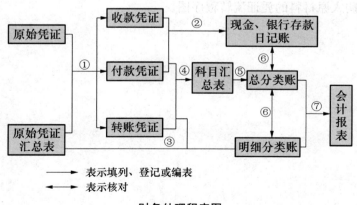

财务处理程序图

从图中可以了解到以下信息。

(1) 根据原始凭证登记记账凭证。
(2) 根据与现金、银行存款有关的记账凭证登记现金日记账及银行存款日记账。
(3) 根据记账凭证登记各明细分类账。
(4) 根据记账凭证编制科目汇总表。
(5) 根据科目汇总表登记总分类账。
(6) 将现金日记账、银行存款日记账、明细分类账同总分类账核对。
(7) 根据总分类账和部分明细分类账编制会计报表。

案 例 二

案例资料

华丰公司原材料核算日常收发及结存核算采用计划成本核算。月初结存材料的计划成本为 600 000 万元,实际成本为 605 000 元;本月入库材料的计划成本为 140 000 元,实际成本为 1 355 000 元。当月发出材料的计划成本情况如下:基本生产车间领用 800 000 元;在建工程领用 200 000 元;车间管理部门领用 5 000 元;企业行政管理部门领用 15 000 元。

要求:
(1) 华丰公司在采用计划成本核算时,应该设置哪些材料类的明细账?
(2) 请计算当月材料成本差异率。
(3) 设计发出材料的会计分录。
(4) 设计月末结转本期发出材料成本差异的会计分录。
(5) 请设计该公司购入原材料的凭证流转程序(采用托收承付结算方式)。

案例分析(提示)

(1) 应当按材料的保管地点、材料的类别、品种和规格设置明细账。
(2) 计算材料成本差异率。
(3) 做月末结转本期发出材料成本差异的会计分录。
(4) 该公司购入原材料的凭证流转程序图。

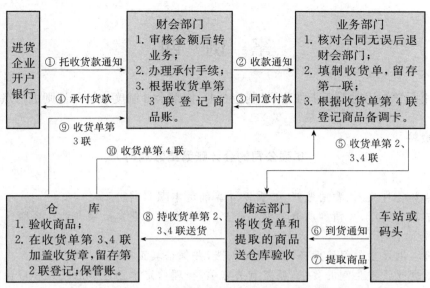

发货制下托收承付结算方式的进货业务手续和凭证流转程序图

案 例 三

案例资料

请为下面的生产成本明细账的摘要部分填写相应的内容,并编制有关的会计分录。

生产成本明细分类账

产品名称:乙产品　　　　　　　　　　　　　　　　　　　　　产量:20 件

20××年		凭证	摘　要	借　方			
月	日			原材料	工资及福利费	制造费用	合计
×	略	略		—	—	—	—
				7 500			7 500
					9 500		9 500
					1 330		1 330
						2 752	2 752
				7 500	10 830	2 752	21 082
				−7 500	−10 830	−2 752	−21 082
				—	—	—	—

案例分析(提示)

(1) 按照生产成本计算流程填写生产成本明细分类账的摘要。
(2) 编制结转相关费用计入生产成本和结转完工产品生产成本的会计分录。

案 例 四

请利用所学知识对下面华强公司(制造企业)内部会计制度中结账规则进行点评。

案例资料

华强公司的会计账簿结账规则

1. 结账的内容

(1) 结算各种收入、费用账户,并据以计算确定本期利润。

(2) 结算各资产、负债和所有者权益账户,分别结出本期发生额合计和余额。

2. 结账的程序

(1) 将本期发生的经济业务全部登记入账,并保证其正确性。

(2) 根据权责发生制的要求,调整有关账项,合理确定本期应计的收入和应计的费用。

(3) 将各有关损益类账户的本期借、贷发生额差额分别转入"本年利润"账户,结平所有损益类账户。

(4) 结出资产、负债和所有者权益账户的本期发生额和余额,并结转下期。

3. 结账方法

(1) 对不需要按月结计本期发生额的账户(如各应收应付款明细账和各项财产物资明细账等),每次入账以后,都要随时结出余额,各月最后一笔余额即为月末余额。月末结账时,只需要在最后一笔经济业务记录之下划通栏单红线,不需要再结计一次余额。

(2) 现金、银行存款日记账簿和需要按月结计发生额的收入、费用等明细账簿,每月结账时,在最后一笔经济业务记录下面划通栏单红线,然后结出本期发生额和余额,并在摘要栏内注明"本月合计"字样,在下面划通栏单红线。

(3) 需要结计本年累计发生额的某些明细账簿,每月结账时,应在"本月合计"行下结出自年初起至本月末止的累计发生额,登记在月份发生额下面,并在摘要栏内注明"本年累计"字样,然后在其下面再划通栏单红线。12月末的"本年累计"就是全年累计发生额,全年累计发生额下面划通栏双红线。

(4) 总分类账簿平时只需要结出月末余额。年终结账时,为了总括地反映全年各项资金运动情况的全貌和核对账目,要对所有总分类账簿结出全年发生额和年末余额,在摘要栏内注明"本年合计"字样,并在合计数下划通栏双红线。

年终结账时,有余额的账户,要将其余额转入下年。方法是:将每个账户的年末余额直接记入下一年度启用的有关新账簿的第一行余额栏内。新旧账簿之间的转记余额,不需编制记账凭证(也不必将余额记在旧账户的借方或贷方,使本年有余额的账户变为零),只需在新账簿第一行摘要栏内注明"上年转入"。

案例分析(提示)

(1) 说明华强公司设计的结账的优点(例如结账的内容方面)。

(2) 说明华强公司设计的结账规则的不足之处(例如结账程序中可将期末账项调整项目具体化)。

财务报告设计案例

分析说明下面的资产负债表是否正确,哪些做法违背了会计报表设计的哪些原则?并指出应该怎样调整和补充?

案例资料

资产负债表
200×年6月30日　　　　　　　　　　　　　　　　　　　　　　　　（单位:元）

资　产	金　额	负债及所有者权益	金　额
流动资产:		流动负债:	
货币资金	1 011 971.19	短期借款	214 000
应收账款	148 040	应付账款	11 800
		应付股利	5 000
		应付福利费	9 348
其他应收款	7 950	其他应付款	6 796
存货	125 322.50	未交税金	22 855.78
流动资产合计	1 293 283.69	流动负债合计	269 799.78
非流动资产:		非流动负债:	
长期投资		长期负债	600 000
固定资产:		长期负债合计	600 000
		所有者权益:	
		股本	3 845 000
固定资产净值	340 000	资本公积	10 000
		盈余公积	52 677.18
在建工程	5 016	未分配利润	20 822.73
固定资产合计	3 405 016	所有者权益合计	3 928 499.91
无形资产:			
无形资产	100 000		
无形资产合计	100 000		
合计	4 798 299.69	合计	4 798 299.69

案例分析(提示)

(1) 指出该做法违背会计报表涉及的什么原则(例如,报表指标体系完整)。
(2) 指出应当补充的内容(补充报表的编制单位)。
(3) 指出应当调整的内容(例如,未交税金改为应交税费)。

会计核算程序设计案例

案例资料

ABC会计师事务所为某咨询服务公司设计一套会计制度。该咨询服务公司目前的经营规模较小,业务较简单,因此所使用的会计科目不多。根据该咨询服务公司的经营特点和管理要求,ABC会计师事务所负责该项目的工作人员决定参照"日记总账会计核算程序"为该公司设计账务处理程序。其中,ABC会计师事务所设计的会计核算程序图如下。

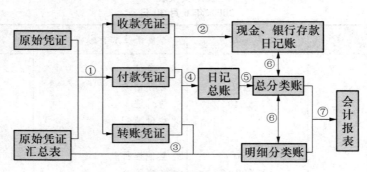

会计核算程序图

请对上述设计进行分析点评。

案例分析

(1) 该咨询服务公司的经营规模较小,业务较简单,所使用的会计科目不多,因此ABC会计师事务所该项目负责人决定采取"日记总账核算组织程序"模式,有其合理性和现实性。

(2) 日记总账是一种将序时账簿与总分类账簿结合在一起的联合账簿。它本身就是总分类账簿。因此,在设计的日记总账核算程序图中,根据日记总账登记总分类账簿是重复设账和重复登账,应将其删除。

生产制造过程业务会计制度的设计案例

案 例 一

案例资料

某企业拟接受固定资产捐赠,捐赠方无法提供该项固定资产的价值,请你对该项业务的内部控制方法和核算方法做出设计。

案例分析

该企业该项业务内部控制制度和核算方法如下。

(1) 接受捐赠的固定资产作价的合理性。由于捐赠方无法提供该固定资产的有关凭证,应按以下顺序确定入账价值:同类或类似固定资产存在活跃市场的,按同类或类似固定资产的市场价格估计的金额,加上应支付的相关税费,作为入账价值;同类或类似固定资产不存在活跃市场的,按该接受捐赠的固定资产的预计未来现金流量现值,作为入账价值。

(2) 移交手续和验收手续是否合法。

(3) 该外商投资企业接受捐赠固定资产应转入营业外收入的金额,借记"固定资产"账户,贷记"营业外收入"账户。

案 例 二

案例资料

红叶服装厂根据客户要求,生产一批工作服,生产过程分为裁剪、缝纫和成衣三个加工步骤,为加强成本管理,管理部门要求成本核算部门及时提供产品成本资料和每一生产步骤的成本资料。在所发生的生产费用中,布料费用所占的比重较大。

要求:为该服装生产企业设计出一套完整的成本核算制度。

案例分析

该企业是根据客户的订单或生产部门下达的生产批别组织生产,因而该企业在进行成本计算时,采用分批法计算产品成本。其成本核算制度如下。

(1) 编制有关成本核算的原始记录制度。企业中反映材料耗费情况的原始记录材料费用分配表、材料盘点溢缺报告单等;反映人工耗费情况的原始凭证主要有出勤记录、产量工时记录、根据出勤记录和产量工时记录编制的工资结算表等。

（2）设计有关成本核算成本费用归集与分配方法及使用的凭证。基本生产车间间接费用按一定的方法在各成本计算对象之间的分配表，如制造费用分配表、折旧计算表、产成品交库单等，也都是重要的反映生产耗费的原始凭证。

（3）制定凭证的管理与控制规定。原始记录上要正确填写业务内容；数量、单位和金额；经办人员的签名或盖章等。原始记录应及时传递，不得积压。成本会计部门要会同其他相关部门制定原始记录的传递程序，以加强企业的内部控制。

（4）制定完工产品与在产品成本计算的规定。该企业应按产品的批别设置产品成本计算单，由于在所发生的生产费用中，布料费用和人工费用所占的比重较大，因此成本计算单中的成本项目设置直接材料和加工费两项即可。如月末需要将生产费用在完工产品和在产品之间进行分配，选择相应的生产费用的分配方法。该企业可以选择约当产量法进行分配，先计算裁剪、缝纫和成衣三个加工阶段月末在产品的完工程度，再计算在产品的约当产量，然后再按约当产量法计算月末完工产品和在产品的实际成本。

采购与付款控制案例

案 例 一

案例资料

某企业仓库保管员负责登记存货明细账,以便对仓库中的所有存货项目的验收、发、存进行永续记录。当收到验收部门送交的存货和验收单后,根据验收单登记存货领料单。平时,各车间或其他部门如果需要领取原材料,都可以填写领料单,仓库保管员根据领料发出原材料。公司辅助材料的用量很少,因此领取辅助材料时,没有要求使用领料单。各车间经常有辅助材料剩余(根据每天特定工作购买而未消耗掉,但其实还可再为其他工作所用的),这些材料由车间自行保管,无须通知仓库。如果仓库保管员有时间,偶尔也会对存货进行实地盘点。

根据上述描述,回答以下问题:
(1) 你认为上述描述的内部控制有什么弱点,并简要说明该缺陷可能导致的错弊。
(2) 针对该企业存货循环上的弱点,提出改进建设。

案例分析

(1) 存在的弱点和可能导致的弊端。

① 存货的保管和记账职责未分离。可能导致存货保管人员监守自盗,并通过篡改存货明细账来掩饰舞弊行为,存货可能被高估。

② 仓库保管员收到存货时不填制入库通知单,而是以验收单作为记账依据,将可能导致一旦存货数量或质量上发生问题,无法明确是验收部门还是仓库保管人员的责任。

③ 领取原材料未进行审批控制,可能导致原材料的领用失控,造成原材料的浪费或被贪污,以及生产成本的虚增。

④ 领取辅助材料时未使用领料单,也未进行审批控制,对剩余的辅助材料缺乏控制,将可能导致辅助材料的领用失控,造成辅助材料的浪费或被贪污,以及生产成本的虚增。

⑤ 未实行定期盘点制度,将可能导致存货出现账实不符现象,且不能及时发现问题,以及计价不准确。

(2) 存货循环内部控制的改进建议。

① 建立永续盘存制,仓库保管人员设置存货台账,按存货的名称分别登记存货收、发、存的数量;财务部门设置存货明细账,按存货的名称分别登记存货收、发、存的数量、单价和金额。

② 仓库保管员在收到验收部门送交的存货和验收单后,根据入库情况填制入库通知

单,并据以登记存货实物收、发、存台账。入库通知单应事先连续编号,并由交接各方签字后留存。

③ 对原材料和辅助材料等各种存货的领用实行审批控制。也就是说,各车间根据生产计划编制领料单,经授权人员批准签字,仓库保管员经检查手续齐备后,办理领用。

④ 对剩余的辅助材料实施假退库控制。

⑤ 实行存货的定期盘存制。

案 例 二

案例资料

某公司材料采购业务内部控制制度可表述如下。

(1) 首先由仓库根据库存和生产需要提出材料采购业务申请,填写一份请购单。请购单交供销科批复。

(2) 供销科根据以前制定的采购计划,对请购单进行审批。如符合计划,便组织采购;否则请示公司总经理批准。

(3) 决定采购的材料,由供销科填写一式两联的订购单:一联供销科留存;另一联由采购交供销单位。采购员凭订购单与供货单位签订供货合同。

(4) 供货合同的正本留供销科并与订购单核对;供货合同的副本分别转交仓库和财务科,以备核查。

(5) 采购来的材料运抵仓库,由仓库保管员验收入库。验收时,将运抵的材料与采购合同副本以及供货单位发来的"发运单"相互核对。然后,填写一式三份的验收单:一联仓库留存,作为登记材料明细账的依据;一联转送供销科;一联转送财务科。

(6) 供销科收到验收单后,将验收单与采购合同的副本、供货单位发来的发票,其他银行结算凭证相核对,以相符或不符来确定此采购业务的完成情况。

(7) 财务科接到验收单后,由主管材料核算的会计,将验收单与采购合同副本、供货单位发来的发票、其他银行结算凭证相核对。以相符或不符作为是否支付货款的依据。

(8) 应支付款的,由会计开出付款凭证,交出纳员办理付款手续。

(9) 出纳员付款后,在进货发票上盖"付讫"章,再转交会计记账。

(10) 财务科的材料明细账须定期与仓库的材料明细账核对。

要求:针对该公司材料采购业务的内部控制制度进行评审,指出控制的缺点,并提出改进意见。

案例分析

(1) 控制弱点。

① 仓库只填一张请购单,无法核对供销科所订立的材料是否为本公司所需,也不易发现供销科未经公司领导批准前自行订货现象。

② 虽然要求材料采购按计划执行,但对此无相应的检查措施,加上对采购业务的批准与执行均由一个部门来负责,因而缺乏必需的控制。

③ 供销科未设立材料明细账,不便于随时掌握材料的收发动态,不便于确定相适当的采购时间。

(2) 提出改进意见。

① 仓库填制的请购单应该为一式三联。

② 采购业务的审批,应由生产计划科负责,供销科只负责材料的采购业务。

③ 请购单的处理程序。

A. 仓库填写请购单后,交生产计划科审批。

B. 生产计划科审批后,一联留存,一联退回仓库备查,一联交供销科办理订货和采购手续。

C. 仓库批准的请购单内容与原定的采购计划不一致的,由公司领导审查批准。

④ 相应增加一份采购合同副本转给生产计划科,以便与批准的请购单相核对。

⑤ 供销科增加一套材料明细账(可只记数量),以便随时掌握材料的增减变动。

销售与收款控制案例

案 例 一

案例资料

ABC 公司销售业务的内部控制制度

销售部门的业务人员在了解客户的基本情况后,确定交易的初步意向,填写客户资料表。该表交由信用管制部门派驻的信用管制师对客户的经营能力、资信状况进行评核,出具授信建议。经销售部门经理核准与客户的交易方式及给予客户的信用额度后,签订销售合同。销售部门业务助理将客户资料输入电脑系统存档。

如是现销客户,当收到客户订货单及缴款时,将客户的缴款填写缴款单送交财会部门出纳员。出纳员在收款后,将缴款单的一联交财会部门负责收款的会计进行电脑系统缴款确认。如是放账客户,须将已获核准的授信责任书送交财会部门负责应收款的会计进行电脑系统的授信额度确认,同时,将客户的订货单的一联及相应的销售合同一份转交营业管理部门。

营业管理部门的人员将电脑系统中制作的销货通知单送交储运部门(营业管理部门、储运部门工作由一人领导)。储运部门依据销货通知单标明的品种、数量进行备货并生成一式四联的送货单送交财会部门。财会部门核对价格、收款金额无误后签字并在电脑系统确认生成销货清单,据此填制销货发票并予以记账。财会部门将销货发票及三联送货单送交储运部门。储运部门留存一联,其余两联送货单及销货发票连同货物送交客户。客户签收后将送货单留存一联,另一联送货单由储运部门返回财会部门作为销售收入或应收账款之依据。

要求:请指出下面 ABC 公司销售业务的内部控制制度中的优点和存在的问题。

案例分析(提示)

(1)该公司内部控制制度的可取之处应当从不相容职务分工控制、信用管制系统、电脑系统授信额度确认的权限控制等方面进行点评。

(2)该公司内部控制制度的缺憾之处应当从分离制度、应收账款的管理等方面进行点评。

案 例 二

案例资料

珠江公司是珠江集团下属的子公司,主营业务是制造、销售力能空调机。集团公司对珠江公司派出了检查组进行财务检查,检查组对珠江公司的商品销售业务的内部控制进行了专题调查,抽查了有关凭证、账簿等会计资料。其中,检查组对发货单进行调查的有关情况如下:

(1) 检查组对仓库留存的发货单第2联仓库发货联进行了检查,并与仓库根据第2联登记的商品保管明细账的发货数量进行了核对,证实账单核对相符。将仓库的发货数量与销售部门统计的销售数量核对时,发现两者存在误差;会计部门根据会计核算使用的发货单第3联计算的销售数量与仓库计算的数量相同。仓库保管员声称,每笔发货均以销售部门事先开具的发货单为依据。但检查组发现有两笔业务存在疑问,这两笔业务在商品保管明细账登记的发货日期比发货单的开出日期早了两天。

(2) 检查组发现只有会计部门与仓库坚持进行发货单第3联和第2联的定期核对工作。检查组将销售部门开出发货单时留存的第1联存根与第6联货物放行联进行了核对,发货单第6联货物放行联是公司大门口的保安在货物放行时收到并保存的。检查发现:有两张货物放行联没有编号,与第1联存根核对时没有发现与之对应的存根,检查组认为可能存在重大问题,并将此事做了记录。有7张用汽车提货的货物放行联上,保安没有按公司规定登记车牌号码;有一张货物放行联上没有加盖销售部门的印章(已与存根核对无误),按规定在这种情况下,保安不应放行。发货单第4、5联分别交运输部门和客户,检查组没有对其进行核对。

要求:

(1) 指出珠江公司与"发货单"有关的内部控制制度在授权批准、内部核查程序、凭证记录及其预先编号等方面存在的漏洞或缺陷,并分析其危害。

(2) 根据上述资料,说明发货单的凭证流转程序,各联式的用途及其相互核对关系。

(3) 为使公司的内部控制制度得到有效的执行,应对哪些人员进行哪些方面的教育。

案例分析

(1) 从上述资料可以看出,与发货单有关的内部控制制度在授权批准控制、内部核查程序控制、凭证记录控制等方面存在漏洞和缺陷:

在授权批准控制方面,从仓库的记录来看,客观上存在仓库没有经过销售部门事先批准擅自发货的情况;这种错误做法可能会导致公司资产方面的损失。

在内部核查程序上,除会计部门与仓库坚持进行第3联和第2联的定期核对外,没有进行其他的核对,仓库的发货数量与销售部门的销售数量明显缺乏核对;第6联货物放行联没有定期与第1联和第2联进行核对;保安对不合规定的发出货物(未盖章的)放行,没有履行核查的职责;没有编号的发货单说明没有对开具的发货单进行审核的制度。没有建立严格的内部核查程序,某些岗位的工作人员就可能利用管理上的漏洞进行违法、违纪活动,就会损害公司资产的安全性。

在凭证记录及其预先编号上存在问题,没有对第6联货物放行联盖章的情况反映出发货单记录不完整;保安没有按规定登记车牌号码,也属于记录不完整,这样就没有留下日后核对的线索;没有预先编号的凭证说明,很可能存在销售人员内外勾结,盗卖商品的严重事件。

(2) 由销售部门开出发货单,一式6联,第1联存根由销售部门留存备查,并作为统计销售量的依据;第 2 联发货联交仓库,由仓库据以发货,并登记商品保管明细账;第 3 联交会计部门进行会计核算,据以登记有关账簿;第 4 联交运输部门作为发运凭证;第 5 联交客户;第 6 联交门卫,据以对货物放行。

应建立发货单的相互核对制度,进行定期核对,包括第 1 联与第 2、3、6 联的核对,第 2 联与第 3、6 联的核对。

(3) 从上述资料可以看出,公司的内部控制制度在执行过程中,仓库保管员、开具发货单的销售业务员、保安没有严格执行内部控制制度。应要求仓库保管员严格按经过批准的发货单发货,开具发货单的销售业务员必须对发货单进行编号,各项内容的记录应全面、完整,保安应根据合格的货物放行联放行,并登记车辆号牌。

(4) 销售部门经理应在部门内部建立对开具的发货单进行审核的制度。

案 例 三

案例资料

鲜肉处理公司购买家畜经处理后,售给超级市场。在审计该公司财务报表时,根据复核存货程序,摘录了下列各项要点:

(1) 每位牲畜采购员向厂长提出采购日报,报告内容有购买日期、预定交货日期、供应商姓名及编号、所购牲畜之种类和重量。货送达时,由厂中任何职员将所收每类家畜点收,并在采购日报中的数量旁加注核对记号"√"。日报中所列牲畜全数收齐后,即将报告退交采购员。

(2) 核对无误后的供应商发票,应交给相关的采购员核准并送至会计部门。会计部门编制支出传票,并按核准的金额开立支票。支票送交出纳签章后,直接交给采购员转付供应商。

(3) 牲畜按批处理,每批均编定号码。每日终了将各批处理清单送至会计部门,清单内列示每批牲畜的号码、名称、鲜肉重量。会计部门设有存货盘存记录,记载处理后的鲜肉名称和重量。

(4) 处理后的鲜肉储存于员工停车场附近的小型冷冻库内。工厂停工时冷冻库上锁。上下班时间,另有公司警卫看守。超级市场提货人员提货时,若冷冻库内无人,须与工厂职员接洽。

(5) 厂房或冷冻库内另有大量肉类副产品。副产品于出售时才入账。此时,销货经理签发两联式发货单,一联作为顾客提货之凭证,另一联为开立账单的依据。

要求:指出上述存货处理程序上的缺失,并提出改善建议。

案例分析

(1) 采购及验收职务没有适当的分工,即没有适当地编制验收报告。将完成的验收报告退回给采购员使他们能够控制验收的职能。适当的处理应是采购员及验收核准人分别作报告给会计部门。每一张报告必须包括供应商的姓名及该批货的数量和总重量。购买的价格及其他条件必须包括在采购员的报告上。

采购员提供其报告的副本给工厂作为其验收报告。这张报告副本必须是省略即将收到货物的数目及重量。这些是由工厂单独填写的。

验收的责任没有清楚地划分,且没有被指明验收的人。某位员工应被授予验收的责任及在验收报告上签名。应预留空白以便记录所收到的家畜的重量。即将到来的货物状况必须加以检验,且检验的结果亦须报告。

目前的程序没有要求对延滞的运送进行追踪调查。采购员一直到所有的货都收到以后才被通知,采购员或另外一个人必须授予迅速交货的责任且应设立一程序对于进货的状况提供一个适时的资料。

(2) 采购员的权力过大,太多的职务没有分开。采购员必须既不收且不核准供应商的发票。发票(包括核对采购员的报告)、验收报告、提单的复核必须由会计部门执行。支票不应递送给采购员,应直接由出纳部职员递送给供应商。出纳部门必须认真复核支出凭单,以便他能证实该笔支出是适当的。出纳部门必须注销已核准的支出凭单及附属单据,以防止其重新使用。

(3) 一直到处理完成,对于牲畜屠宰体的控制都没有建立。当收到牲畜时必须建立控制,且一直到其鲜肉被处理出售为止。取得及处理牲畜的成本必须按批累积,且经过处理的鲜肉数目及重量必须与原来购进牲畜的数目及重量相比较。这可以提供对处理成本的控制,避免处理过程中不合理的重大损失,及可以对供应商的牲畜的品质加以检查。

(4) 已处理过的鲜肉的实际安全措施是不适当的。没有继续保护措施。且冷藏库在营业日期间有时没有上锁。冷藏库当没有严密的看守人员时必须随时上锁。上锁的工作必须指派专人负责。应考虑将冷藏库迁移至人迹稀疏的地方(交通流量较少及或许在工厂内),应考虑停工期间内设置自动警铃制度或防卫保护措施。

(5) 没有建立对于副产品生产或销售的实地控制制度。因为副产品相当重大,因此,对于其产量、存货及销货必须建立控制制度。每批副产品的产量必须与标准的数量(根据副产品及被处理的牲畜数两者间的比率所计算而得)相比较。必须建立重要副产品的永续盘存记录及与定期的实地盘点相调节。

案 例 四

案例资料

已知 A 公司销售与收款内部控制有关业务流程如下:

1. 销售部门收到顾客的订单后,由销售经理甲对品种、规格、数量、价格、付款条件、结算方式研究等详细审核后签章,交仓库办理发货手续。

2. 仓库在发运商品出库时,均必须由管理员乙根据经批准的订单,填制一式四联的销售单。在各联上签章后:第一联作为发运单,由工作人员配货并随货交顾客;第二联送会计部;第三联送应收账款管理员丙;第四联由乙按编号顺序连同订单一并归档保存,作为盘存的依据。

3. 会计部收到销货单后,根据单中所列资料,开具统一的销售发票,将顾客联寄送顾客,将销售联交应收账款管理员丙,作为记账和收款的凭证。

4. 应收账款管理员丙收到发票后,将发票与销货单核对,如无错误,据以登记应收账款明细账,并将发票和销货单按顾客顺序归档保存。

要求：指出 A 公司在销售与收款内部控制中存在的缺陷。

案例分析

1.（1）货币资金业务的不相容岗位未分离,违反货币资金的收付和控制货币资金的专用印章不得由一人兼管、出纳人员应与货币资金的稽核人员相分离的要求。

（2）销售与收款业务的不相容岗位未分离或内控失效,违反开具发票与发票审核岗位应当分离,编制销售发票通知单与开具销售发票岗位分离的要求。

2.（1）没有根据批准的订单编制销售通知单。

（2）销售单不应由仓库编制,也不能代替装运凭证。

（3）货物的发货与装运职责不应由同一部门承担。

（4）会计部门开具销售发票时没有核对装运凭证、销售单和商品价目表。

（5）负责销售账和收款两项不相容职务不应由一人办理。

（6）没有对销售与收款业务进行独立稽核。

案 例 五

案例资料

某公司 2008 年 3 月 12 日在销售增塑剂产品过程中,出现了销售调拨单及销售章真实、财务专用章及增值税发票系伪造的现象,导致被骗货 30 吨,案值 24 万余元的重大损失。具体手段如下。

（1）一陌生客户隐匿真实情况,到公司销售公司开具了真实的产品销售调拨单,使用伪造的财务专用章及增值税专用发票,私盖印章,然后到销售处盖销售章,最后到储运车间提货,导致事故发生。

（2）利用财务部在三楼办公,销售公司在一楼营业,储运发货在公司后区的劣势,经过长期预谋,使用假牌照的报废车作案。骗过了公司财务部收款开发票关、销售公司对接关、储存车间发货核对关、保卫科车辆出入口验收关、公司门卫查证关。该公司在 2008 年 3 月 15 日才发现货物被骗。请根据上述情况分析该公司在管理上存在的问题,并提出今后加强管理的措施。

案例分析

（1）由于业务量大及从未出现类似事故的侥幸心理,主观麻痹大意,财务部与销售公司、发货处、保卫科没有建立起紧密结合的防范措施和监控网络,存在严重漏洞。不能及时沟通,只知道按旧流程办事,给犯罪分子提供了作案的机会。

（2）印鉴管理失控。财务印鉴与销售印鉴缺少防伪措施,使用掌管中存在漏洞,在加盖印鉴时未能得到有力的监控。

（3）未建立发票购入、使用、注销的登记制度。

(4) 物流反馈信息系统失灵,对账不及时。若销售及财务、发货能及时对账,集中办公,就会及早发现问题,杜绝漏洞。

(5) 销售人员及发货人员增值税专用发票及印章方面的知识缺乏,缺少鉴别能力,提供了骗术得逞的可能。

(6) 交接工作不明晰。在交接工作时就存在个别遗留问题,理应责成其限期查明,否则不得离岗。

(7) 凭证单据检查工作不力。经过公安部门介入和初步调查,有内部人员预谋合伙作案的嫌疑。

(8) 发现问题时追查不及时。在事故发生三天后,此事才得到证实。当时,由于人手较少未能对此进行专项清查。

案 例 六

案例资料

陈某原是南京某石油加油站站长兼出纳。自2000年以来,他私自截留销售款、利用现金支票编造各种理由提取现金,将单位公款用于赌博,造成国家直接经济损失70余万元。经调查,陈某挪用公款的手段很简单:(1)直接挪用销售款,陈某自2000年担任站长起多次从加油站油款中直接拿走现金,两年时间挪用公款50多万元用于赌博;(2)隐匿5笔出口结汇收入共计20万元,将其提现的金额与其隐匿的收入相抵,使其13笔收支业务均未在银行日记账和银行余额调节表中反映;(3)伪造11张银行对账单,将其提现的整数金额改成带尾数的金额,并将提现的银行代码"11"改成托收的代码"88"或外汇买卖的代码"18"。

案例分析

《企业内部控制应用指引第9号——销售业务》指出,企业应当加强对销售、发货、收款业务的会计系统控制,利用记账、核对、岗位职责落实和相互分离、档案管理、工作交接程序等会计控制方法,确保企业会计信息真实、准确、完整。本案例中企业内部控制存在的缺陷主要有如下三方面。

(1) 缺乏对销售收入款项的控制。在销售与收款环节,企业应当特别注意对销售收入的管理与控制。企业应将销售收入及时入账,不得设账外账,不得擅自坐支现金,销售人员应当避免接触现款。本案例中,陈某多次从加油站的油款中直接拿取现金用于赌博的行为暴露了该企业销售收入管控存在的重大缺陷。

(2) 未将不相容的岗位分离。良好的内部控制应当保证不相容岗位的分离,各岗位之间分工明确、权责清晰,以有利于岗位之间相互牵制、相互监督,提高内部控制的效率与效果。但案例中的陈某既当出纳又兼与银行对账,为其在编制余额调节表时擅自抵消13笔收支业务提供了有利机会。

(3) 缺乏严格的监督检查制度。为了保障销售与收款环节的有效进行,企业应当建立完善的监督检查制度,明确监督检查机构或人员的职责权限,定期或不定期地对销售业务进行检查。除了对经济业务真实性、完整性的检查外,还应该对销售与收款业务内部控制制度进行符合性测试,以检查现有内控制度的健全性和有效性。本案例中,在陈某任站长期间,尽管公司也每年都对他的经营情况进行监督检查,但多数都是走形式,很难发现什么问题。

上述这些内部控制中暴露出的缺陷为陈某的舞弊打开了方便之门,也为企业的资产安全埋下了隐患。

货币资金控制设计案例

案 例 一

案例资料

新华股份有限公司现金支出业务内部控制制度

该公司各支款业务部门由报销人员填制各种费用支出的原始单据,并签字或盖章,后送交各业务部门负责人。各业务部门主管根据计划或有关规定对送达的付款原始凭证进行审批之后签字或盖章,并转送财会部门。

公司未专设审核人员,由财会主管负责日常审核工作。财会主管根据财务制度的规定审核各业务部门送交的待报销原始凭证,并签章确认。公司设出纳人员一名,主要负责根据财会主管审核批准的付款原始凭证付款,并在付款原始凭证上加盖"现金付讫"戳在付款后根据付款原始凭证填制内部转账通知单一式两联。一联留存财会部门,凭此登记记账凭证,另一联送交业务部门,通知已划款;根据付款原始凭证和内部转账通知单及时填制付款记账凭证并送交财会主管复核;根据经复核的付款记账凭证登记现金日记账并签章;在每日终了结出现金日记账余额,并将库存现金实存数额与现金日记账余额相互核对,将发现的长短款情况及时报告财会负责人。

公司专设负责现金支出业务的会计人员一名,负责汇总已复核的付款凭证,编制记账凭证汇总表,之后据以登记现金总账。

按公司财务制度规定,财会主管每月要对出纳人员所做的库存现金账实核对工作进行至少两次定期的抽查;每月终了财务主管应将现金日记账余额与总账余额进行互核,对发现的不一致或出纳人员上报的长短款情况及时进行妥善处理。

要求:请点评新华股份有限公司现金支出业务内部控制制度的利弊。

案例分析(提示)

该公司现金支出业务的内部控制制度在执行过程中存在着漏洞,应当从审批手续、日记账的记账与结账、库存现金的盘点及账务处理的核对等方面进行查找。

案 例 二

案例资料

甲公司是国内首批大型国有控股公司,主要产品为工业中间品,面对下游工业用户和部分贸易中间商。2004年甲公司总资产为120亿元,营业收入100亿元。甲公司一向重视各项管理制度的建设,尤其对财务制度更是严格。甲公司每年都会花巨资请专业审计机构对公司财务状况进行审计,先是一年一审,后来是半年一审,再后来是一季度一审。且甲公司内部制度规定,超过2 000元的招待费报销,要经过公司负责人签字。甲公司二级单位业务人员出差,飞机票必须经由公司主要负责人审核。表面看来,公司制度完备,管理严格。

但就在2005年,一名普通的营销部会计人员李某的案件却暴露了公司看似严格的财务管理存在漏洞。李某任职于甲公司营销部,利用经手公司销售货款的便利条件,在1999—2005年,以"蚂蚁搬家"的方式非法挪用公司货款5 000余万元参与股票、期货投资,损失近4 000万元,大部分损失款项难以追回。

事情的暴露纯属偶然。由于公司所在行业不景气,甲公司近年来一直在进行减轻成本压力的努力和内部改革,2005年第一季度决定将所有员工的绩效工资基数下调,并继续大幅裁员。自2005年5月开始,改革终于触及李某头上,他没有能够重新竞聘上岗,只能买断工龄自谋出路,并要把工作全部移交给接替他上岗的人员。这对李某来说是末日来临,在分几次从银行提取数以百万元计的现金后,李某仓皇出逃,由此东窗事发。

据了解,李某自1989年从西北某财经高等专科学校毕业后,被分配至甲公司营销部从事财务工作,16年来,李某的岗位和职务一直都没有变化,而与他同时进入公司工作的绝大多数人都得到了升迁。虽然表面上,他工作还比较踏实,人缘也不错,但也有其甲公司的同事称:"这或许是心理不平衡"。

"简直难以置信",公司一位资深管理人员对我们说,甲公司这样的老牌国企、上市公司,应该说是有着较为健全的企业管理制度和严格的财务制度,尤其是中国石化成为大股东后,甲公司内控制度逐步完善,财务管理常抓不懈。如每年要组织财务大检查,定期聘请中介机构对下属公司经营情况进行审计,公司内部审计及厂长(经理)离任审计也一直在进行着。但这样的事情竟然发生了,虽然也许是个意外、个案,但足以暴露出公司财务内部控制仍然存在着问题。

要求:对该公司的内部控制制度进行分析,同时指出存在的问题;分析李某犯罪行为得以长期进行的主要原因;提出改进建议。

案例分析

(1)内控失控过程分析。

甲公司营销部每年的资金往来在数十亿元以上,由于李某长期在同一关键岗位工作,就让他有机会从中窥探一些漏洞。据透露,在他的总涉案金额中,大约有2 000万元是他利用工作之便盗取期限较长的银行承兑汇票,并通过与他人合伙设立的皮包公司到银行贴现实现的。若要通过这种形式长期占用资金,他还需不断用新汇票冲账以避免暴露。另外,大部分资金则是李某指令自己熟悉的客户向其个人账户支付的货款。由于在这个岗位上的时间很长,规律摸得非常透,李某知道什么时候将款项交给单位,也清楚什么时候要进行财务检查或审计,总能找到新的款项填补以前的漏洞。李某作案时间长达6年,期间一直未露蛛丝马迹。那么,他是如何得逞的呢?

甲公司以前产品销路很好,公司规定客户想要购货必须先交预付款,而部分客户往往用银行承兑汇票来支付预付货款,从而保持自己在甲公司的预付款账户上有一个余额。甲公司要求,业务人员在与客户签订合同后,要根据该客户预付款的余额是否能支付该笔合同所需的金额来确定是否发货,如能满足则发货给该客户,否则提示该客户就不足部分先付款。

根据财务工作流程,业务人员收到客户送来的银行承兑汇票后,要先交给会计人员并由其记账。会计人员记完账后,将汇票交给出纳人员,由出纳和有关人员共同保管,到期时到银行办理收款手续或根据需要去银行贴现或背书转让。

由于李某长期在营销部会计岗位上工作,对相关业务人员、客户及业务规律非常熟悉,由此产生了挪用客户预付账款余额的想法。因此,李某对业务人员交来的客户银行承兑汇票进行分析,对于那些近期内没有业务发生或其本身预付款余额能满足其近期业务需要的客户的银行承兑汇票,采用了既不入账,也不交由出纳或有关人员保管的方法,将银行承兑汇票截留在自己手中,并背书转让给自己与他人共同注册的公司,到银行贴现从而套取现金。

由于该公司往来账目较多,虽根据公司《应收款项管理业务流程》的要求,"财务部门要确保应收款项入账及时、准确、要认真核对每一笔应收款项,应收票据要建立备查簿逐笔登记,定期清查核对,核查表应有财务部门负责人或指定的财务人员审核"。但审核往往流于形式,应收票据的记账与核查表的审核往往由同一个人进行,这就为李某盗用银行承兑汇票留下了可乘之机。偶尔当客户发现其预付款余额与其实际支付的银行承兑汇票额数目不对时,李某往往利用其与客户之间的关系,借口记账疏忽,再挪用其他款项将其补上,以掩盖其犯罪事实。

(2) 李某犯罪行为得以长期进行的主要原因。

① 甲公司未能严格执行会计轮岗制,李某在同一会计岗位工作了近16年,充分掌握了客户及业务活动的详细信息,从而为其实施犯罪行为提供了可能。如果严格实施轮岗制,李某就不可能发现业务活动的规律,并利用其与客户的关系以骗取资金。

② 甲公司没有充分重视应收票据的管理,接受票据与记账以及查对往来账的会计是同一人,未能像现金管理一样做到职责分离。负责保存票据的出纳并不知道业务人员实际交给会计的票据数量,从而为会计人员截留票据留下了漏洞。

③ 甲公司对日常开支管理投入了较大注意力,而对类似于营销会计这种关键岗位却未能引起充分重视,属于捡了芝麻丢了西瓜型的内部控制。

④ 甲公司对应收票据备查簿的定期清查核对流于形式,审核与做账由同一人进行,失去了内部牵制的作用。

⑤ 甲公司的印章管理可能有漏洞。

⑥ 甲公司的客户管理不当,没有建立健全客户管理档案,从而让公司的客户资源掌握在少数人,甚至营销会计的手中,长此以往,即使不发生这件事,企业的客户资源也会随着公司人员的流动而丧失,甚至产生巨大的销货损失。

(3) 建议解决方法。

针对以上暴露出的问题,甲公司应全面检查自身的内部控制制度,加强内部牵制的作用,实行职责分离。

① 严格执行岗位轮换制,防止会计人员在同一岗位时间过长后发现业务规律,从而产生内部控制的漏洞。

② 严格票据管理,业务人员将票据交由财务部门后,要在备查簿中进行登记,交接者双方都应该签字盖章,以明确责任。

③ 严格内审制度,定期对账目进行彻底清查,清查时应要求也遵循货币资金的清查手续和流程,即分管某种产品或地区往来账的会计,应将所有往来、结算明细账目登记入账,核对清楚后,交由清查人员对客户进行核对清查,以防止账款不符或挪用客户款项的事情发生。

④ 对于实施ERP的企业,应该将货币资金的收付信息录入端口集中在财务部门,而不是分散在各个营业部,即使有些款项临时由营业部代管,但也要建立严格的钱、账、票、印章和审查分管的制度,以免发生"天高皇帝远",从而导致私自动用企业营销款的事情发生。

⑤ 严格管控意识。其实,这家企业的管理制度还是比较健全的,关键的是没有执行,或者在人情面前没有坚持。人是有机会主义行为的,道德约束在巨大利益的诱惑下会失去原有的效力,所以法大于人情。

以上第②和第③点尤为重要,该公司的关键控制点问题在于票据的管理和往来账的清查流于形式,使得在岗人员有机可乘。

案 例 三

案例资料

某单位岗位设置是办公室兼会计室,会计王某从事会计工作多年,但染上了赌瘾,他赌球、玩纸牌、打麻将,样样都来,可他瘾大水平低,输钱像流水,少则几千,多则上万。当王某输钱后,就将罪恶之手伸向公款。当时办公室有两人,一名主任,王某负责现金出纳并兼做会计,财务印章在主任处保管,每次王某去银行取钱前都必须到主任处盖章。这种制度刚开始尚能坚持,久而久之,因主任感到麻烦,并出自对王某的信任,王某在主任的同意下,每次去银行取钱时,直接到柜中取印章来盖,以至于他趁管理上的漏洞偷偷盖了许多现金支票,每当输了钱就用盖了章的现金支票去银行取钱继续赌。经检察机关查明,王某自1999年以来借管理支票之便,私盖财务印章,从银行提取现金,挪用公款达百万元。某月到单位发工资日,单位银行账上余款因王某大量挪用公款赌博已不足以支付职工工资,案情暴露,王某因挪用公款罪被判6年有期徒刑。

要求:根据上述资料指出该单位在货币资金内部会计控制上存在的问题,并提出改进建议。

案例分析

本案是一起典型的内部会计控制制度不健全而导致舞弊行为发生的案例。本案从内部会计控制的角度看存在以下四个方面的问题。

(1) 没有将不相容的岗位分离。根据《内部会计控制规范——货币资金》第六条规定,单位应当建立货币资金业务的岗位责任制,明确相关部门和岗位的职责权限,确保办理货币资金业务的不相容岗位相互分离、制约和监督。出纳人员不得兼任稽核、会计档案保管和收入、支出、费用、债权债务账目的登记工作,单位不得由一人办理货币资金业务的全过程。在会计工作中的会计与出纳属不相容职务,如果会计与出纳由一人担任,就很容易发生挪用或贪污行为。王某的案子中,由于他一人包办会计和出纳工作,没有形成会计与出纳的相互制衡,所以导致了王某长期挪用公款而未被发现。

(2) 会计人员缺乏良好的职业道德。根据《内部会计控制规范——货币资金》规定,办理货币资金业务的人员应当具备良好的职业道德、忠于职守、守法奉公、遵纪守法、客观公正,不断提高会计业务素质和职业素质以及职业道德水平。而在本案中,王某赌球、玩纸牌、打麻将,赌性成瘾,缺乏会计人员应具备的素质和职业道德,以致为后来挪用公款留下隐患。

(3) 印章的保管存在问题。按照《内部会计控制规范——货币资金》第二十二条的要求,单位应当加强银行预留印鉴的管理。财务专用章应由专人保管,个人名章必须由本人或其授权人员保管,严禁一人保管支付款项所需的全部印章。按规定需要有关负责人签字或盖章的经济业务,必须严格履行签字或盖章手续。在本案中,尽管财务印章由主任保管,但由于该主任未加以控制,而是任由王某随意盖印,导致了现金管理失控。

(4) 没有定期的监督检查。按照《内部会计控制规范——货币资金》第二十三条的要求,单位应当建立对货币资金业务的监督检查制度,定期和不定期地进行检查。在本案中,据王某交代,自他接任会计以来,单位的领导从未有人看过他的账簿,也未询问过有关费用及现金的情况,更没有对王某的会计工作定期地进行监督检查。

改进建议如下。

(1) 必须按照《内部会计控制规范——货币资金》第六条规定要求,不相容的会计岗位应当分离。出纳人员不得兼任稽核、会计档案保管和收入、支出费用、债权债务账目的登记工作,单位不得由一人办理货币资金业务的全过程。

(2) 加强对印章的保管。按照会计事务管理规定专用章应由专人保管,个人名章必须由本人或其授权人员保管,严禁一人保管支付款项所需的全部印章。按规定需要有关负责人签字或盖章的经济业务,必须履行签字或盖章手续。

(3) 实行定期监督检查。按照《内部会计控制规范——货币资金》第二十三条的要求,单位应当建立对货币资金业务的监督检查制度,定期和不定期进行检查,有条件的还应实行定期轮岗制。

案 例 四

案例资料

某公司王某在任出纳工作期间,先后利用23张现金支票编造各种理由提取现金96.94万元,均未记入现金日记账,构成贪污罪。具体手段如下。

(1) 隐匿10笔出口结汇收入计96.94万元:将其提现的金额与其隐匿的收入相抵,使其33笔收支业务均未在银行日记账和银行余额调节中反映。

(2) 伪造11张银行对账单:将提现的整数金额改成带尾数的金额,并将提现的银行代码"11"改成托收的代码"88"或外汇买卖的代码"18"。

在调查中发现,该公司出纳兼与银行对账;财务印鉴与行政印鉴合并使用并由行政人员掌管,出纳在加盖印鉴时未能得到有力的监控;未建立支票购入、使用、注销的登记制度;凭证保管不善;发现问题时追查不及时。在清理逾期未收汇时发现:有3笔结汇收入未在银行日记账和余额调节表中反映,当时由于人手较少未能对此进行专项清查;交接工作不明晰,王某在交接出纳工作时就存在个别遗留问题,理应责成其限期查明,否则不得离岗。

请试说明内部会计控制的方法,并运用这些方法完善该公司的出纳业务的内部会计控制。

案例分析

王某之所以能在11个月期间作案23次,贪污巨款96.94万元,究其根本原因在于缺乏一套相互牵制的约束机制,使之得心应手,猖狂作案。为此应运用内控方法,在出纳业务中建立完善的内控制度。

(1) 内部会计控制的方法主要包括不相容职务相互分离控制、授权批准控制、会计系统控制、预算控制、财产保全控制、风险控制、内部报告控制、电子信息技术控制等。

① 不相容职务相互分离控制要求单位按照不相容职务相分离的原则,合理设置会计及相关工作岗位,明确职责权限,形成相互制衡机制。不相容职务主要包括授权批准、业务经办、会计记录、财产保管、稽核检查等职务。

② 授权批准控制要求单位明确规定涉及会计及相关工作的授权批准的范围、权限、程序、责任等内容,单位内部的各级管理层必须在授权范围内行使职权和承担责任,经办人员也必须在授权范围内办理业务。

③ 会计系统控制要求单位依据《会计法》和国家统一的会计制度,制定适合本单位的会计制度,明确会计凭证、会计账簿和财务会计报告的处理程序,建立和完善会计档案保管和会计工作交接办法,实行会计人员岗位责任制,充分发挥会计的监督职能。

④ 预算控制要求单位加强预算编制、执行、分析、考核等环节的管理,明确预算项目,建立预算标准,规范预算的编制、审定、下达和执行程序,及时分析和控制预算差异,采取改进措施,确保预算的执行。预算内资金实行责任人限额审批,限额以上资金实行集体审批。严格控制无预算的资金支出。

⑤ 财产保全控制要求单位限制未经授权的人员对财产的直接接触,采取定期盘点、财产记录、账实核对、财产保险等措施,确保各种财产的安全完整。

⑥ 风险控制要求单位树立风险意识,针对各个风险控制点,建立有效的风险管理系统,通过风险预警、风险识别、风险评估、风险分析、风险报告等措施,对财务风险和经营风险进行全面防范和控制。

⑦ 内部报告控制要求单位建立和完善内部报告制度,全面反映经济活动情况,及时提供业务活动中的重要信息,增强内部管理的时效性和针对性。

⑧ 电子信息技术控制要求运用电子信息技术手段建立内部会计控制系统,减少和消除人为操纵因素,确保内部会计控制的有效实施;同时要加强对财务会计电子信息系统开发与维护、数据输入与输出、文件储存与保管、网络安全等方面的控制。

(2) 根据上述方法,在完善该公司的内部控制中最重要的是运用不相容职务相互分离控制和会计系统控制,具体如下。

① 建立岗位分工控制。该公司应当建立货币资金业务的岗位责任制,明确相关部门和岗位的职责权限,确保办理货币资金业务的不相容岗位相互分离、制约和监督。出纳人员不得兼任稽核、会计档案保管和收入、支出、费用、债权债务账目的登记工作。不得由一人办理货币资金业务的全过程。

② 建立印鉴管理制度。财务负责人掌管财务印鉴,加盖时要审查有无审批手续,金额是否正确,用途是否符合规定。不得签发远期和空头支票。

③ 完善稽核制度。财务负责人应指派专人定期与业务单位核对账务,及时编制往来账余额调节表,查实未达账项的原因,调整账务并催收应收国内(外)账款。复核银行余额调节表的编制是否正确,有无遗漏或收支抵消等情况。督促有关人员及时、全面、正确地进行账务处理,使收支业务尽早入账,不得压单。记账与出纳业务的职责相分离,使记账的权限仅限于主管会计,用密码的方式给予限定。对现金的账实情况进行经常性和突击性抽查,查看库存的现金有无超出限额,有无挪用、盈亏情况,保管措施如何。

④ 严格交接手续。出纳员调换岗位,须按规定与接替人员办理交接手续,做到前不清,后不接。财务负责人监督出纳移交工作的整个过程,查看移交清单是否完整,对于遗留问题应限期查清,不留后遗症。离职人员须编制移交清单,列明移交的账、证、表、公章、资料及有关事项,由监交人签字认可后方可办理手续。交接清单一式三份,其中一份存档。

⑤ 现金管理制度。严格执行《现金管理暂行条例》规定,限定现金的使用范围。现金收入应当及时存入银行,出纳员要加强安全防范意识。超出限额的现金收入,应请客户将其存入开户行,财务处凭银行盖章的现金交款单放货,以避免收取假钞。出纳员应收支清楚,做到日清月结,财务负责人应定期清查现金,核对账实是否一致。

⑥ 与银行对账业务。对账业务应由掌管支票、印鉴以外的人担任。可由现金出纳员索回银行对账单,并编制银行余额调节表。对于未达账项应及时核查原因,并做好调账事宜。

⑦ 收入登记制度。收入的结汇账单、支票、汇票、托票等应建立登记簿。注明收入的日期、金额、来源及业务承办人。对于需要确认的收入(如账单)应加注签收栏,督促有关人员及时交回。对于收据、发票应按顺序号管理,会计开具时应审核其内容,由出纳加盖"收讫"章及人名章,以避免出纳员套开收据的情况。

⑧ 支出(支票)控制制度。对于银行托收的运费、保险费、银行费用等支出项目应督促有关人员尽快办理确认报销手续,会计应及时进行账务处理。建立严格的支票管理制度。

内部稽核与内部控制案例

案 例 一

案例资料

某上市公司2009年制定了内部控制制度,其要点如下。

(1) 为提高工作效率,公司重大资产处置、对外投资和资金调度等事宜统一由总经理审批。

(2) 为加快货款回收,允许公司销售部门及其销售人员直接收取贷款。

要求:从内部控制的角度对该公司制定的内部控制制度进行分析,并简要说明理由。

案例分析

该公司制定的内部控制制度存在以下缺陷。

(1) 按照《内部会计控制基本规范》的要求,单位应明确规定涉及会计及相关工作的授权批准的范围、权限、程序、责任等内容,单位内部的各级管理层必须在授权范围内行使职权和承担责任,经办人员也必须在授权范围内办理业务。单位应当建立规范的对外投资决策机制和程序,重大投资决策实行集体审议联签制度。该公司规定重大资产处置、对外投资和资金调度等事宜统一由总经理审批,违背了授权批准控制的原则,属于授权不当,同时也不符合重大投资集体决策的控制要求。

(2) 按照《内部会计控制规范——销售与收款(试行)》的要求,办理销售、发货、收款三项业务的部门应当分设,不得由同一部门或个人办理销售与收款业务的全过程。销售与收款属于不相容岗位,该公司规定允许公司销售部门及销售人员直接收取贷款,违背了不相容岗位相互分离的控制要求。

(3) 按照《内部会计控制基本规范》的要求,单位应当加强对担保业务的会计控制,严格控制担保行为,建立担保决策程序和责任制度。该公司规定允许分公司自行决定是否对外提供担保,违背了有关担保控制的要求,同时也不符合授权批准控制和风险控制的要求。

案 例 二

案例资料

冲浪网络开发公司,员工记录工作时间采用工时卡打卡形式。记时员每周将这些卡片收集起来,送到计算机中心。由计算机中心的杨柳负责将计时卡上的数据输入电脑。输入电脑后的数据用于核算应付工资、填制工资支票,并作为编制工资计算表和工资费用分配表的依据。财务主管张力核对工资计算表和工资支票确认无误后,签发工资支票,并将工资支票还给杨柳。杨柳将工资支票交给银行分发给公司员工。

要求:
(1) 请指出该公司工资计算发放过程中内部控制有哪些问题?
(2) 对于如何改进该公司的内部控制你有什么建议?

案例分析

(1) 问题:杨柳既负责统计工时数据,又负责核算应付工资,填制工资支票,容易作弊,增加、篡改工时数据,从而套取工资。

(2) 具体建议如下。

① 记时员与另一位计算机中心的职员负责工时数据的电脑输入。

② 张力负责核算应付工资、编制工资计算表和工资费用分配表。

③ 杨柳核对工资计算表后,签发工资支票,并将工资支票交给另外一人,由他将工资支票交给银行分发给公司员工。

会计制度设计案例

案例资料

一、企业概况

红星宾馆成立于1997年,经营性质为国有服务型企业。主要设施有客房90套,达到四星级标准;有咖啡馆、游泳馆、保龄球馆、高尔夫球场、桑拿及屋顶网球场等娱乐设施。企业共有职工160人,主要设置了以下组织机构。

(1) 总经理办公室:负责企业总体管理和决策。

(2) 销售部:负责对外联系宾馆服务业务。

(3) 招商部:负责同承包部门联系,收取租金和设施费。

(4) 客房部:管理宾馆客房业务。

(5) 娱乐部:负责管理游泳馆、保龄球馆等娱乐场所。

(6) 财务部:负责企业账务处理及出具财务报告。

(7) 后勤保安部:负责企业后勤事务,并维持企业治安秩序。

(8) 工程部:负责企业的建设及维修业务。

二、原有的部分会计制度

(1) 财务部人员组成:财务经理1人、会计2人、出纳1人。

(2) 会计核算流程:各部门自己指定人员负责收集该部门每天的原始凭证,在各自的前台汇集,由前台收银员编制部门日报表,结算当日部门总的营业金额。各部门的日报表在当日工作结束时交于财务部,由会计入账。

(3) 内部控制情况。

① 采用宾馆专用会计软件,1人制单、1人复核并保管印鉴、1人收付款并保管支票、1人记账并编制报表,实行会计电算化管理。

② 资金的大额报销要由总经理签字。

③ 每天营业结束时进行现金盘点,直接存入银行;保留库存现金2 000元。

要求:

(1) 请指出红星宾馆在货币资金管理中的可取之处及存在的问题。

(2) 结合红星宾馆的具体管理状况,采用流程图的形式为其设计出货币资金收入和支出业务的控制程序。

案例分析

(1) 红星宾馆在货币资金管理中能够建立相应的内部控制制度,如制单、复核、印鉴保管、收付款、支票保管、记账和编制报表等工作均进行不相容职务分工,在一定程度上防止了侵吞、挪用和失窃等不端行为的发生。但是,该制度也有不完善的方面,如企业银行存款日记账与银行对账单的核对要求、现金与银行存款的日常管理规定等。

（2）为保护货币资金的安全,健全和完善货币资金的内部控制制度,结合红星宾馆的具体管理状况,该宾馆的货币资金收入和支出业务的控制程序图示如下。

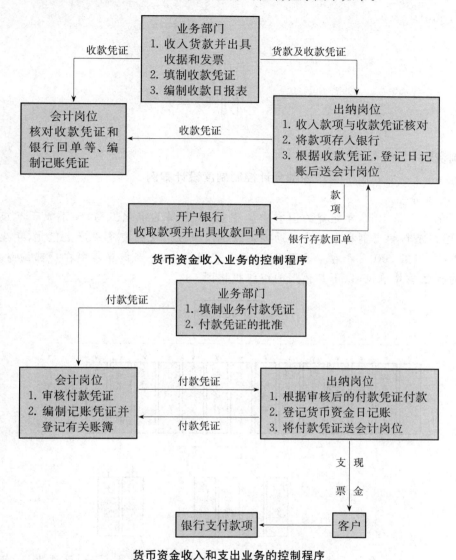

货币资金收入和支出业务的控制程序

会计事务处理设计案例

案 例 一

案例资料

内部会计控制制度设计案例

一、背景介绍

××化工厂是1958年组建的国有中型企业,原下属某市化工局,现下属于某市化建总公司,是国内塑料稳定剂和电子化工助剂定点生产单位。现拥有总资产上亿元,年生产能力超过2万吨,职工700人左右。该厂设有16个职能机构,全部核算集中在厂部的财务部门,无下属的独立核算单位,以下是该厂的组织机构图。

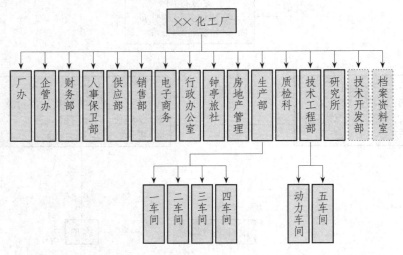

说明:厂长负责全厂工作,下属四个副厂长,分别为:经营副厂长,管理供应、销售和电子商务;行政副厂长,管理行政办公室、钟亭旅社以及房地产;生产副厂长,管理生产、质检和技术工程;总工程师,管理研究所、技术开发以及档案资料。其余职能机构为厂长直管。

该厂有六个车间,其中四个基本生产车间、两个辅助生产车间。

该化工厂目前实现销售收入上亿元,实现净利润超百万元。其生产的主产品塑料稳定剂品种主要有硬脂酸盐系列、三盐基硫酸铅、无尘复合稳定剂;电子化工助剂有粒(粉)状氧化铅、硅酸铅等产品。其中的粒状氧化铅和无尘塑料稳定剂属于国家级新产品,主产品无尘塑料稳定剂是PVC加工中热稳定剂的更新换代产品,具有良好的工艺性能和环保性能。其产品主要采用国际同类产品先进标准组织生产,为化工部、省、市的优质产品。企业通过

GB-/T19002-ISO9002质量认证。多次获得国家、省和市级产品质量和环保奖励。

一个化工企业得以顺利发展，不仅要靠其过硬的产品和服务质量，更在于其规范和完善的内部控制制度，其管理控制方法为许多企业所效仿。这里我们试图提炼和剖析其财务一体化下的成功内控经验。

二、该化工厂财务一体化下的内部控制情况

1. 基本情况

该市通过财政部门开始推行实施企业会计电算化的工作始于1995年，从那时起培养了一批能够推动和实施企业会计电算化的会计人才。该化工厂便得益于此次机会，该厂的会计人员在培训之后，于1996年在企业领导的高度重视下，开始引进会计电算化，并于1997年1月通过财政部门验收，在本市率先实行了甩账，企业的管理效率获得了很大的提高。随着企业的不断发展和扩张，尤其是该企业的材料品种、规格繁多、应收账款也比较复杂、数量较大，管理起来比较麻烦，容易出现差错。于是，该厂不断地进行软件和硬件的升级，拥有了财务内部局域网，并形成了厂内大网络，最终在全国会计基础工作规范化验收过程中，完善了企业的财务管理制度和程序，并于1999年在与软件公司的合作中实现了财务信息的一体化。通过该一体化系统，企业的财务部门以及领导可以随时进行库存、应收账款等的查询和分析，并实现了全方位的财务分析、决策管理等。

2. 财务一体化构成

该化工厂的财务一体化的实施在最大限度上实现了企业管理的制度化和法制化，从而促进了管理的现代化、标准化和规范化，克服了企业成长中的制度瓶颈和阵痛。该财务一体化系统主要由账务、销售、仓库、供应、人事系统等构成。其中，账务管理包括现金管理、固定资产管理、报表等功能，销售管理包括开票、应收账款等模块，存货管理主要包括原始数据录入、查询等模块，供应系统主要包括应付款管理、供应商管理等。各个功能模块间实现了信息实时传递和有授权的共享。其功能结构图如下。

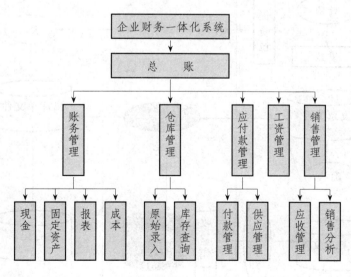

仓库、供应、销售、应付款等管理信息最后全部集中到总账，由财务部的总账系统统一编制记账凭证、统一核算和监控。

该化工厂根据其组织机构设置和管理特点,采用了如下的站点分布方式。

软 件 名 称	站点数	使 用 部 门
销售(应收账款)	2	销售部
仓 库	1	仓 库
账 务	3	财务部
工 资	1	人事部
供应(应付账款)	1	供应部
领导查询	5	厂办、生产办、企管办

3. 该化工厂财务一体化下的内部控制

(1) 应付账款和存货控制。

该化工厂的存货大类不多,只有原辅材料、备品备件以及机物料三大类,但后两者的规格、品种繁多,达3 000多种,且在企业中还十分重要,而手工核算管理十分麻烦,通过计算机来进行分类管理就减轻了许多核算工作量,并减少了由于领用、记录方面带来的错误和损失。其仓库入库管理业务流程和数据传递关系如下。

销售和应收账款业务和数据流程图如下。

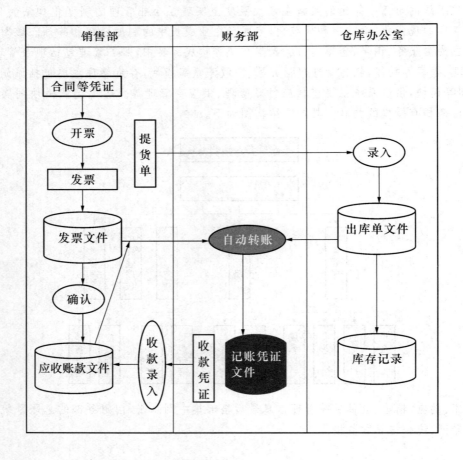

流程图说明：存货验收入库时填制入库单一式四联，一联由仓库保管员留用，另三联由采购员连同发票持往仓库办公室，由办公室录入入库记录，生成存货文件。这另三联中，一联由仓库办公室留下，另两联入库单连同发票由采购员传递给财务部门。仓库办公室在录入入库单时，一定要确认货款是否已经支付：如果发现货款已经支付，则在相应的信息中注明，以便财务制单时能与传递来的发票、付款单据核对相符；如果发现货款没有支付也在相应的栏目中注明，以传递给供应部门时形成供应部门的应付账款文件，供应部门根据这些记录来进行付款筹划，供应部门如果付款，在通过财务办理有关付款手续后，在其站点上输入付款记录，传递到财务部门形成付款的记账凭证，财务部门并进行付款核对。

（2）应收账款管理和控制。

该化工厂的销售开票和应收账款等管理在一体化之前一直由财务部门执行，一体化之后，销售计划、销售单据的录入以及应收账款的催收工作全部由销售部门独立完成，其形成的销售和收款记录自动传递到财务部门，然后在财务部门形成账务记录并进行审核，其流程如下图所示。

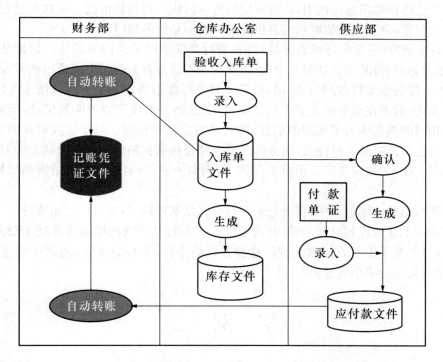

流程图说明：销售部门根据合同等凭据通过计算机开票一式四联，自己留一联，另外手工开具提货单两联连同三联发票给客户。销售部门在开票时，如果客户现购，则在发票单据中注明相应信息，传递给财务制收款记账凭证（销售部门输入的信息）；如果客户欠款，则开具欠款单给客户，同时在发票中注明未付款信息，形成应收账款文件（也是在销售部门输入）。客户持三联发票：两联提货单以及现金、支票（或欠款单）到财务部门付款、盖章，留存一联发票给财务部门，购货人持盖章后的发票和提货单到仓库提货，提货单一联留仓库；另一联给仓库办公室站点录入，形成存货减少记录。仓库开具出门证给客户，至此销售过程完成。收款时，收款凭证由财务部门收取，同时收取款项，财务部门凭收款凭证通知销售部门货款到账情况,由销售部门输入应收账款收回记录,最后传递到财务,形成记账凭证,核销应收账款。同时,财务随时查询应收账款的到账情况,形成账龄分析,并定期向销售部门催收,并根据有关规定形成逾期的奖惩表单,传递给销售部门和管理部门。

要求:对该化工厂的内部会计控制制度和流程进行评价。

案例分析

该化工厂通过财务一体化不仅简化了财务的核算工作,最重要的是完善了其内部控制制度和流程,提高了效率。其最有特色的控制主要体现在对付款和收款控制上。该企业无论是收款还是付款,其实际收支业务都是通过财务来完成的,但是对于付款需要由供应部门来请付,并严格与其所购货物相对应,并由财务和供应两方互相核对。

(1) 对于应付账款,由供应部门请付后由财务支付,财务部门在支付时就已经录入了相应的付款记录,形成了付款凭证,等到供应部门也录入相应的应付款付账记录时,双方通过互相核对就可以确认应付账款的彻底核销。如果只有财务记录而没有供应部门记录,则说明供应部门已将该款项挪作他用,从而可以监控应付账款的付款情况。在这个过程中,财务从来不主动付款,供货商催款时催的是供应部门而不是财务部门。

(2) 对于销售,则无论是现销还是赊销,最后都要由财务部门来确认。如果是现销,则购货者(或业务员)将款项交到财务,财务收款后在发票等有关单证上盖章后购货者(或业务员)才可以去提货或发货;如果是赊销,也需要将实际票据传递到财务确认属于赊销后才可以提货或发货,前者在财务形成了收款凭证,后者在财务形成了应收账款记录,同时销售部门也按照相同的票据输入了相同的信息,两者又可以互相核对。对于应收账款的实际催账由销售人员根据其账龄及时催收,财务部门及时监督和催促销售部门催收,收回的款项也通过财务端口入账,如果应收账款由财务收到了,则财务通知销售部门,由销售部门核销其应收账款。

在上述票据的传输过程中,存货记录及时得到反映的同时,也可以互相核对。

从该企业上述的控制流程来看,其资金的收支和财产物资的增减全部处于财务的监控之中,而且财务处于主动的控制地位。这种方式效率高,监控力度强,适用于信息系统(站点)相对比较集中的中小型企业。

案 例 二

请分析股票投资登记簿和债券投资登记簿的设计要点。

案例分析

(1) 股票投资登记簿的设计要点:首先列示出"发行公司名称""股票种类""股票代码"及"面值",然后逐笔登记买入股票的"日期""股数""价格""费用""成本"以及卖出股票的"日期""股数""价格""费用""收入",结出"买卖损益",最后计算出结存股票的"股数""成本"。

(2) 债券投资登记簿的设计要点:首先列示出"发行公司名称""债券种类""面值""发行日""发行价""到期日",然后逐笔登记买卖债券的"日期""数量"以及买入债券的"市价""金额"和卖出债券的"市价""金额",结出"损益",最后还要登记"应收利息日""利息收讫日""利息收入额""溢折价摊销额""实际利息收入"。

案 例 三

案例资料

某生产企业根据生产需要向供应商采购原材料,采购合同规定应采取赊购的方式,并在验货后两个月内付款。请根据上述要求为该企业应付账款业务设计一套内部控制方案。

案例分析

该企业应付账款会计制度设计应包括以下内容。

(1) 本次购货应填写订货单,订货单应经采购部门签章批准,订货单副本应及时提交会计、财务部。

(2) 收到货物并验收后,应编制验收单,验收单必须顺序编号,验收单副本应立即送交采购、会计等部门。

(3) 收到购货发票后,应立即送交采购部门将购货发票、订货单及验收单进行比较,确订货物种类、数量、价格、付款金额及方式是否相符。

(4) 采购部门应对所收各种单据、文件加盖收件日期。

(5) 应付账款总分类账和明细账应按月定期结账,并相互核对。

(6) 第一个月末向供货方取得对账单,与应付账款明细账和未付凭单明细表相互核对,如有差异要相互调整并查明发生差异的原因。

(7) 第二个月末经采购部门、验收储存、会计及财务部门进行相互确认和批准后方可偿还货款。

案 例 四

案例资料

A企业为制造业,因业务发展需要准备从银行借一笔三年期限的借款,由于企业从未发生此类长期借款业务,为了防范风险,并保证会计核算资料的真实和完整,请为该企业的长期借款业务设计出可行的会计制度。

案例分析

该企业长期借款会计制度设计,一方面需要考虑交易业务方面的设计,包括:长期借款的授权或批准;借款合同的签订和履行;长期借款的取得;长期借款的计价;长期借款的担保与抵押;长期借款的偿还等。另一方面需要考虑所涉及的相关凭证和账簿方面的设计,包括:借款合同或协议及其他资料;长期借款明细账与总账;财务费用明细账与总账;银行存款明细账与总账;银行对账单等。

案 例 五

案例资料

北方有限责任公司是一家电器制造企业,下设四个基本生产车间、一个辅助生产车间和七个职能科室,公司近三年的销售收入、销售利润都有较大幅度增长,但由于管理费用的增长速度过快,使得企业的利润总额的增长速度明显低于销售利润的增长速度。公司针对上述情况决心加强管理费用的控制方法,并要求会计部门编制了管理费用对比分析表。

管理费用比较分析表 (单位:元)

费用项目	2002年度 计划	2002年度 实际	2003年度 计划	2003年度 实际	2004年度 计划	2004年度 实际	备注
工资及福利费	560 000	605 000	640 000	643 000	640 000	667 000	
差旅费	120 000	135 000	150 000	168 000	160 000	210 000	
办公费		125 000		166 000		198 000	
物料消耗	60 000	75 000	78 000	89 000	90 000	102 000	
折旧费	50 000	48 000	53 000	55 000	56 000	54 000	
修理费		60 300		85 000		120 900	
业务招待费		150 000		230 600		313 000	
技术开发费	50 000	45 000	50 000	52 200	50 000	51 300	
坏账损失	15 000	16 000	16 000	23 000	16 000	32 000	
存货盘亏与报废	15 000	14 500	15 000	30 000	23 000	35 200	
其他	100 000	110 000	120 000	150 000	146 000	170 000	
合计		138 380		1 691 800		1 953 400	

要求:

(1) 指出上述内部报表在内容和填制方面的不足之处。

(2) 根据上述资料,对三年来管理费用进行比较分析。

(3) 针对北方公司的情况,你认为应着重从哪些方面加强管理费用的控制?

(4) 从设计的角度看,你认为会计部门提供的分析表是否能满足管理部门控制管理费用的决策需要,并说明理由。

案例分析

该企业管理费用会计制度设计应包括以下内容。

(1) 计划的合计数未填写,还应增加一个差异栏目。

(2) 选择恰当的管理费用预算控制制度。

(3) 对相应的管理费用实行限额报销法。

(4) 根据费用开支的职责归属和管理责任,建立必要的管理费用开支审批制度。

(5) 定期编制管理费用分析表,通过比较计划数和实际数,分析差异产生的原因,将其作为奖惩依据,便于改进工作。

案 例 六

内部控制制度缘何失效——一起舞弊案例引发的思考

一、案件的基本情况

2003年年初,中国航天科工集团柳州长虹机器制造公司审计处在进行公司2002年报审计中发现这样一个反常现象:该公司2001年、2002年的废品销售收入分别为4 563万元、5 323万元,呈上升趋势;财务反映的废旧物资销售的数量分别是863吨、510吨,废旧物资销售的收入分别是78万元、45万元,呈下降趋势。正常情况下,生产过程中发生的边角料等废旧物资应该与生产规模同比例增长或下降,为什么财务数据反映的却是不合理的趋势呢?带着疑问,审计处对公司物资处的废旧物资的回收、销售、收款等情况进行了重点审计。查出异常情况的背后是一起舞弊案件。

经审计,发现物资处处长、综合室主任、仓库主任、废旧回收站站长、计划员等4人为了小团体的利益,擅自决定出售、截留废旧物资数量81.5吨,款额91 200元,截至审计时,已经将私自出售和截留的销售收入私分50 605.80元(涉及63人,每人500元至2 000元不等),同时擅自决定降价销售废旧物资,造成损失1.4万元。其舞弊的手法如下。

(1) 擅自出售废旧物资并全部截留货款。主要是与租赁公司厂房的湖南个体经营者串通,擅自将废旧物资销售给没有此项业务来往,也没有签订合同的湖南个体经营者,并要求其将销售货款不交财务而直接交物资处;私自销售的废旧物资出门时,借湖南个体经营者的名义,由湖南个体经营者以自己在锻工房加工的少许产品掩盖,或以其加工的产品或废料需要出门为由,堂而皇之地将盗卖的废旧物资办理出门手续。

(2) 私自截留出售废旧物资款。主要是通过与签有合同业务的柳州个体经营者截留收入,物资处处长要求柳州个体经营者在销售废旧物资过程中,一部分销售的废旧物资款交财务,另一部分销售的废旧物资款截留下来,交到物资处作小金库(即通俗说的开阴阳收据)。私自截留出售废旧物资出门时,以部分销售的废旧物资办理出门手续,即以少量的废旧物资申报并取得出门单,然后以超过出门单标明的废旧物资实际数量的舞弊手法出门。

(3) 收买门卫。为了能将违规销售的废旧物资顺利办理出门,物资处处长指使综合室主任,给以门卫送钱物等好处,致使门卫在违规废旧物资办理出门时放弃职守,大开方便之门。

(4) 擅自决定降价。物资处处长明知道废旧物资销售及其销价变动要经过有关部门审核并履行合同手续,但其却擅自决定将废旧物资销售价格降价,造成损失1.4万元。

由于舞弊性质恶劣,这起案件的主要责任人物资处处长被给予党内严重警告处分和行政免去物资处处长职务的处理,其他人员也受到相应的处理。

二、舞弊案件暴露内部管理存在的问题

这起舞弊案件涉及的金额并不算很大,但它暴露出来的内部管理问题却是严重的。经审计,物资处废旧物资的回收、分类、登记、过磅、合同、出售、收款、门卫检查等业务流程环节均出现了失控或有章不循的情况。

(1) 超越内部组织分工责任原则处置业务。根据公司内部职责权限,废旧物资的出售业务需要计划处(如签合同)、财务处(如价格变动审批)等部门和主管领导的审批,但是2002年下半年大部分废旧物资的出售违反了组织分工控制原则,不通过计划处、财务处等业务部门,擅自决定和处理。在物资处内部也出现了这样的越位行为,本来公司为了规范废旧物资的出售,在物资处内专门设立了废旧物资回收站,负责废旧物资回收和销售,但很多废旧物资业务没有经过废旧物资回收站,由物资处处长指定没有此项业务权限的综合室主任直接处理。

(2) 违反职务分离原则授予或办理业务。按照职务分离原则,某项经济业务的授权批准职务,应与执行该业务的职务分离,但在废旧物资出售业务处理中,出现了批准人(物资处处长)亲自与客户处理降价、交款等业务。又如,物资计量有过磅员专司其职,却出现综合室主任参与废旧物资过磅等现象。

(3) 不遵守业务流程控制。每一项经济业务的完成都需要经过一定的业务流程环节。废旧物资销售业务的环节包括:业务批准→物资过磅→填单(包括磅码单和结算单)→交款→办出门单→门卫验单放行(包括复验或抽检)。但是,案件中废旧物资销售却违反了业务流程,门卫复检先通知物资处人员后复检,致使参与废旧物资销售舞弊的人知道复检则按过磅如实填报,不复检则以少量的废旧物资申报并取得出门单,然后以超过出门单标明废旧物资实际数量出门的现象。又如,废旧物资应先交款,才能办理出门单,门卫并据此验单决定是否放行,但实际操作中出现了没有交款,也没有办出门单也放行的现象。湖南个体经营者就是采用先做生意后交款的方式,将废旧物资拉出门卖了之后隔几天才将款交到物资处。

(4) 不遵守业务单据控制管理原则。一是《磅码单》和《产品、材料转移结算单》随意置放,无专人管理;二是《产品、材料转移结算单》有两种,其中一种没有编号,无法知道使用了多少,什么时间使用,谁领用。由于单据管理不当,审计核查废旧物资销售业务时,竟出现了有废旧物资销售业务却没有《磅码单》和《产品、材料转移结算单》相对应的现象,无法核对销售业务的真实情况。

(5) 废旧物资业务管理混乱。废旧物资的回收、登记、过磅、销售,没有做到点点相连,环环扣紧,有的无记录、无单据,没有形成连续性、完整性、有效性。回收和出售的数字统计与实际出入较大。由于物资处废旧物资销售业务记录不完整,财务数据与物资处废旧物资销售业务记录无法核对,物资处的废旧物资回收记录,与各生产单位也无法核对,因为各生产单位没有记录。

(6) 规章制度没有起到作用。公司专门制定了《废旧物资回收利用管理办法》,同时涉及的相关制度还有《出入生产区管理制度》《现金有价证券管理办法》《资产管理总则》等,但在这起舞弊案件中,相应的制度没有起到作用。这么多的违规废旧物资(有据可查的有81.5吨),从过磅、填单、合同、收款、门卫检查等要经过多个业务环节和多个部门,但这些违规的物资却都能顺利出门。

三、由舞弊案件引发的思考

(1) 集体舞弊很容易发现吗?对于舞弊行为,在理论界有这样的观点很流行:在舞弊审计中,两个人以上的集体合谋舞弊行为难度要高于一个人的个体舞弊行为,容易因信息源的扩大而暴露,因此,集体舞弊很容易被发现,即集体舞弊行为的难度高于个体的舞弊行为,但因此说集体合谋舞弊行为参加的人数多就容易发现,则值得讨论。在此案例中,主要起因是物资处主要领导的一个错误决定,参与的另外 3 个人没有按岗位职责和规章制度予以抵制,同时由于舞弊者在门卫等重要部门、岗位给予好处,致使舞弊行为畅通无阻。如果不是审计处在年报审计中使用分析性复核时正好选中舞弊者行为的相关数据,则短时间内难以发现。而集体合谋舞弊行为难以发现的案例,则很多。如上市公司银广厦、东方电子、东方锅炉等,这些管理舞弊案例,涉案金额大、作案时间跨度长、参与的都是高层管理人员,且手段高深。如银广厦,为了使造假的财务报表能够互相吻合,通过倒推的方法,根据成本计算出销售量和销售价格,并依据这些销售量和销售价格的结果,安排每个月的进料和出货单,以及每个月、每季度的财务数据。由于是集体合谋,加之在整个业务循环流程上弄虚作假,所提供的整套信息全是虚假的。上述公司舞弊案的暴露,均不是审计人员发现的。应该说查找舞弊,特别是集体舞弊行为,还是审查的难题。

(2) 每个舞弊者的舞弊行为都有压力、机会和借口三要素吗?应该说都有。舞弊的三角理论认为舞弊产生三个因素是动机、机会和忠诚(借口),当这三个因素可能性都增加时,舞弊的发生将确信无疑。此起案件的当事人物资处处长解释他这样做的原因,在压力方面是因为他原来是劳动人事处处长,刚调到物资处履新职,来后很多职工认为他是外行、业务能力不强,他感到压力很大,因此想通过别的渠道弄点钱给职工,让职工在干部评议时投他的票;在机会方面他正好管理物资,有条件;忠诚(借口)方面,之所以心安理得,他认为,卖的东西大都是边角料等废旧物资,钱也是发给物资处的职工,职工收入多了,积极性也就上去,会以工作成绩回报单位。每起舞弊行为面前,舞弊者都采取自欺欺人的说法,使自身行为合理化。

(3) 业务管理存在一些缺陷不要紧吗?内部控制制度如果存在"蚁穴",不及时修补完善,很容易酿成大错。此起舞弊案件,手段并不高明,其之所以得逞,一个重要原因是票据管理有漏洞。作为销售业务结算用的《产品、材料转移结算单》等重要单据,竟然没有编号,领用也没有专人管理,完全违背内部控制制度要求的凭证和记录预先编号保持记录的链条性、完整性原则。管理制度有瑕疵,违规虽然不一定每一次都造成损失,但制度上的"空档",很容易被心存私念的人利用,如果让其钻空子得逞一次,则一发不可收拾,将带来更大的损失。

(4) 有了内部控制制度就能抑制舞弊的发生吗?不一定。企业的一切管理工作都是从建立和健全内部控制制度开始的,企业的一切决策都应统驭在完善的内部控制体系之下。但是,有了内部控制制度,还必须严格遵守并严格检查执行情况,这样才能保证制度的有效运行。如果缺乏有效的执行,则形同虚设。此起舞弊案件,废旧物资业务处理涉及的回收、分类、登记、过磅、合同、出售、收款、门卫检查等流程环节均出现了失控。内部控制之所以失控,不是没有规章制度,而是有章不循、违章不究。

(5) 是"制度比人重要"还是"人比制度重要"?在内部控制方面,对人的要求,只注重业务素质,不注重道德素养行不行?这是企业管理理论和实践争论不休的话题。一个企业缺乏制度约束,把企业的各种潜在风险的控制完全寄托于人的道德品质,肯定是不行的。因为制度再完善,如果没有合格的人来执行或者执行不到位,早晚是要出问题的。此起案件,在一个制度较为完善的国有企业里,正是由于人的道德即忠诚出现了问题,企业的内部控制制度的"防火墙"被内部人员合谋推倒了。我们目睹了太多这样的案例,典型的如巴林银行事件,仅仅一名员工的职业道德操守出现了问题并违规操作,就断送了一个历史悠久、信誉卓著的企业。

　　事后控制不如事中控制,事中控制不如事前控制。如果规范管理、违章必究、控制到位,舞弊案件是可以避免或及早发现的,可惜的是有些经营者没有认识到这一点,总是等到舞弊案件发生并造成损失后才寻找补救措施。

　　管理实践证明:得控则强,失控则弱,无控则乱。这起舞弊案例充分说明了这个道理。

主要参考文献

[1] 罗其安:《企业会计制度设计——理论与案例分析》,暨南大学出版社 2005 年版。
[2] 李殿富:《会计制度设计》,中央广播电视大学出版社 2002 年版。
[3] 张文贤:《会计制度设计案例》,立信会计出版社 2001 年版。
[4] 张文贤、孙琳:《内部控制会计制度设计:理论·实务·案例》,立信会计出版社 2005 年版。
[5] 董惠良:《企业会计制度设计》,立信会计出版社 2001 年版。
[6] 傅胜、池国华:《企业内部控制规范指引操作案例点评》,北京大学出版社 2011 年版。
[7] 南京市会计管理网。
[8] 中国中小企业沈阳网。
[9] 北京国家会计学院远程教育网。
[10] 中国内控网。
[11] 无忧会计网。
[12] 中华会计网校。

图书在版编目(CIP)数据

会计制度设计学习指导/付同青,李凤鸣主编. —3 版. —上海:复旦大学出版社, 2019.12
创优·经管核心课程系列
ISBN 978-7-309-14680-6

Ⅰ.①会… Ⅱ.①付…②李… Ⅲ.①会计制度-设计-高等学校-教学参考资料 Ⅳ.①F233

中国版本图书馆 CIP 数据核字(2019)第 255976 号

会计制度设计学习指导(第三版)
付同青　李凤鸣　主编
责任编辑/鲍雯妍　张雪枫

复旦大学出版社有限公司出版发行
上海市国权路 579 号　邮编:200433
网址:fupnet@fudanpress.com　http://www.fudanpress.com
门市零售:86-21-65642857　团体订购:86-21-65118853
外埠邮购:86-21-65109143
杭州日报报业集团盛元印务有限公司

开本 787×1092　1/16　印张 13.25　字数 306 千
2019 年 12 月第 3 版第 1 次印刷

ISBN 978-7-309-14680-6/F·2642
定价:32.00 元

如有印装质量问题,请向复旦大学出版社有限公司发行部调换。
版权所有　侵权必究